Dolphins

L'arte di Hannibal non è solo concentrata sulla fotografia:
anche la ricerca dei titoli dei suoi libri non è certo
casuale. Ecco perchè questo libro ha un titolo tanto
particolare.

Di acqua ne ammiriamo tanta in queste bellissime
istantanee, ma in nessuna di queste si vede un delfino.
E allora, perchè chiamare così il libro?

Siamo di fronte ad un gioco interessante sul significato
delle parole in lingua inglese: dolphins significa delfino,
ma è anche il nome delle particolari strutture costruita
dall'uomo che ammirate in questi scatti. Ancora una volta
Hannibal ci obbliga ad andare oltre la fotografia,
esplorando a 360 gradi l'arte e i suoi significati.

Buona lettura e buona caccia ai delfini...

Fabio Rancati

Dolphins

The art of Hannibal is not only focused on photography: even the search for the titles of his books is certainly not casual. This is why this book has a very special title.

We admire so much water in these beautiful snapshots, but in none of these we see a dolphin. So why call this book?

We are dealing with an interesting game about the meaning of words in English: dolphins like fish, but it is also the name of the particular structures built by man that you admire in these shots. Once again Hannibal obliges us to go beyond photography, exploring art and its meanings at 360 degrees.

Good reading and good dolphin hunting ...

Fabio Rancati

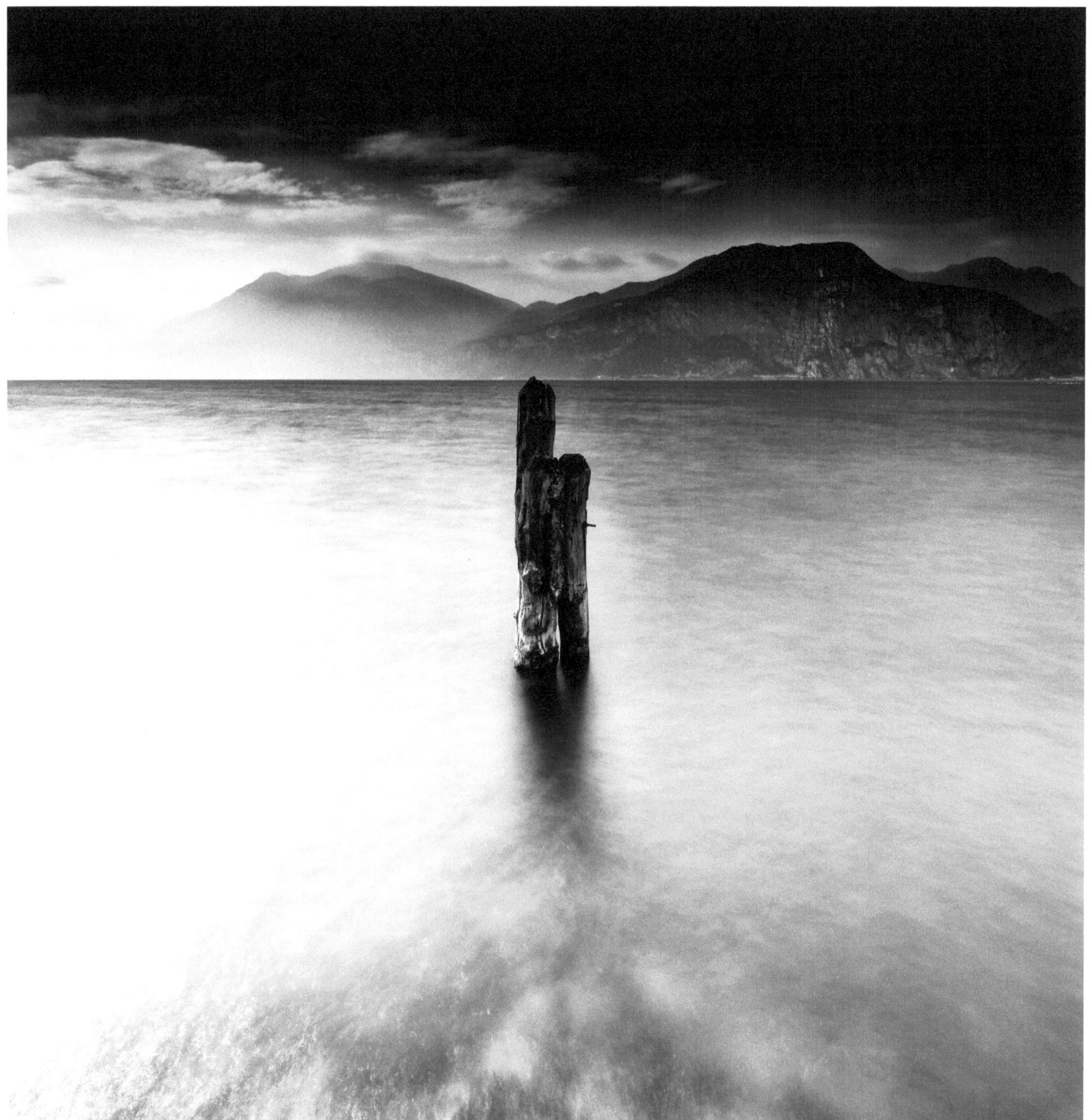

Assenza

Garda Lake

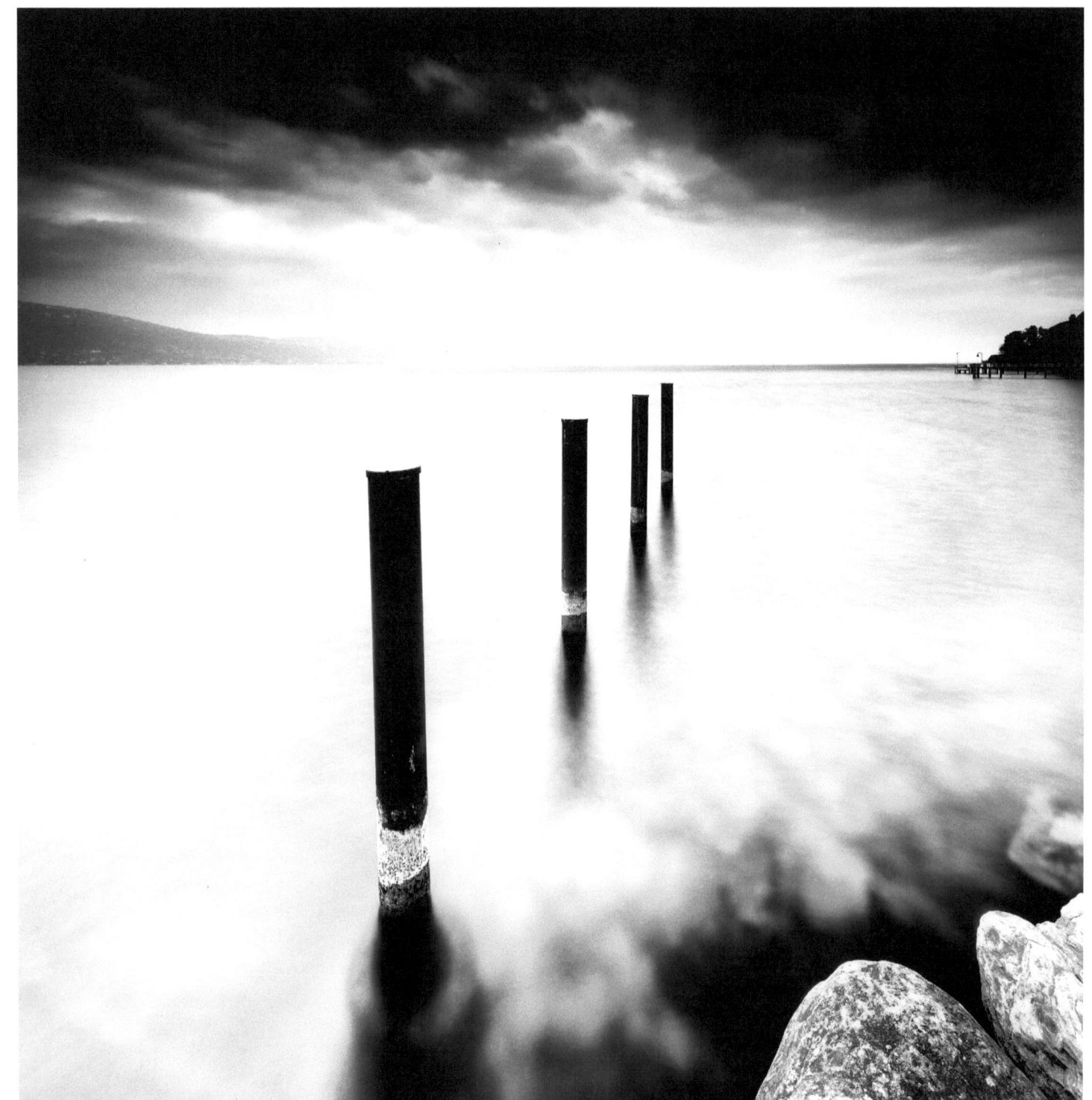

Bogliaco

Garda Lake

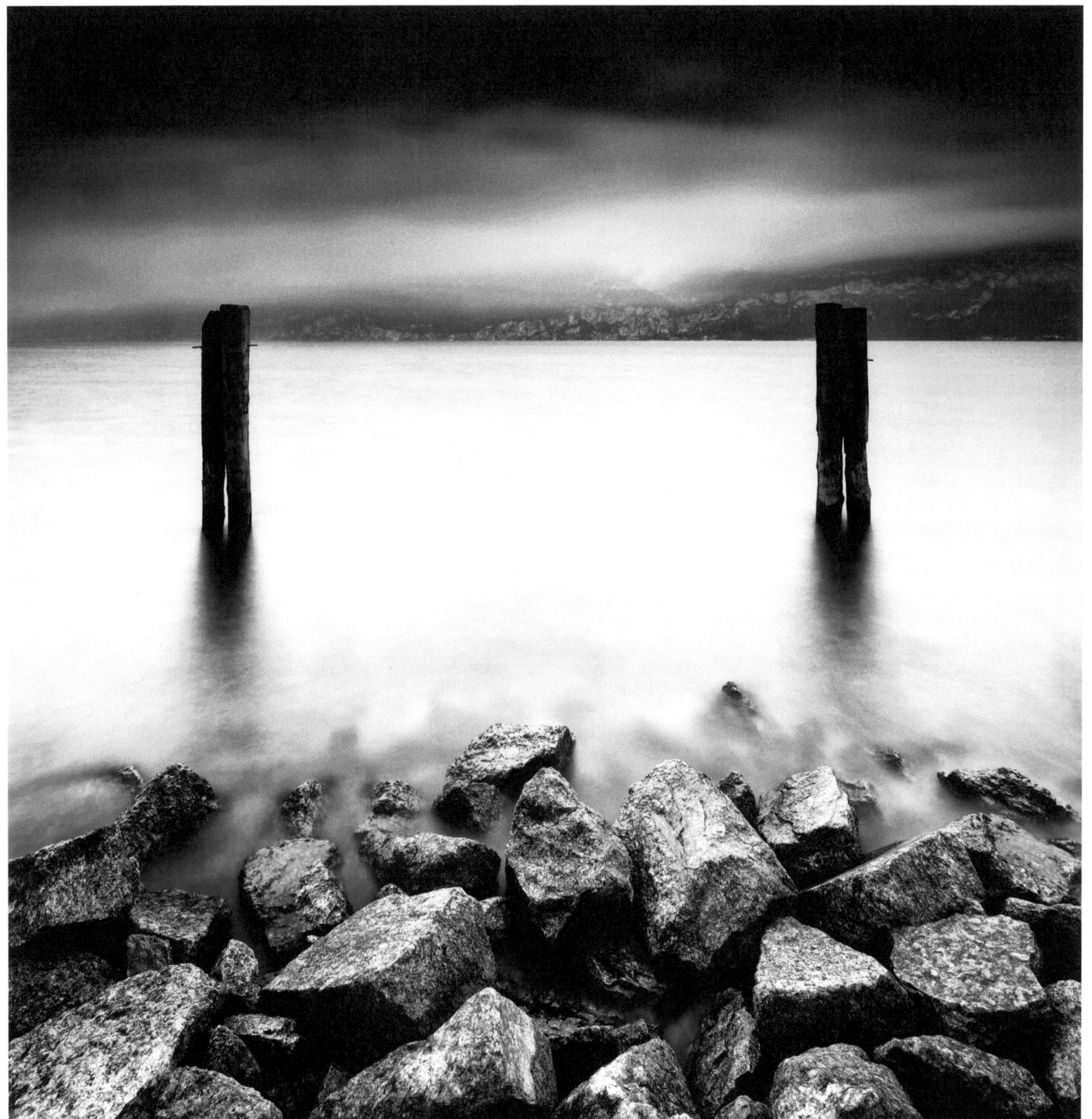

Brenzone   Garda Lake

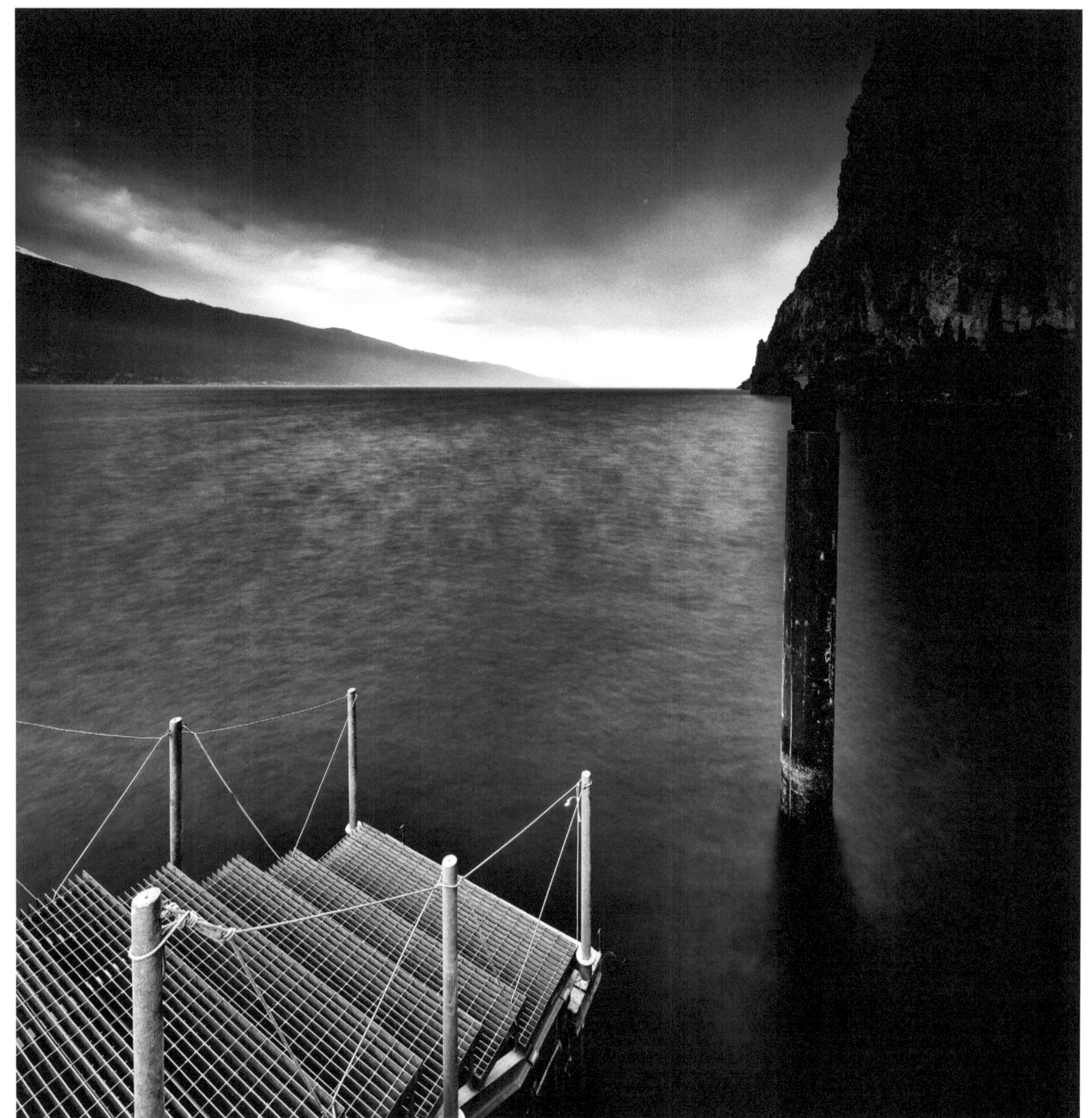

Campione

Garda Lake

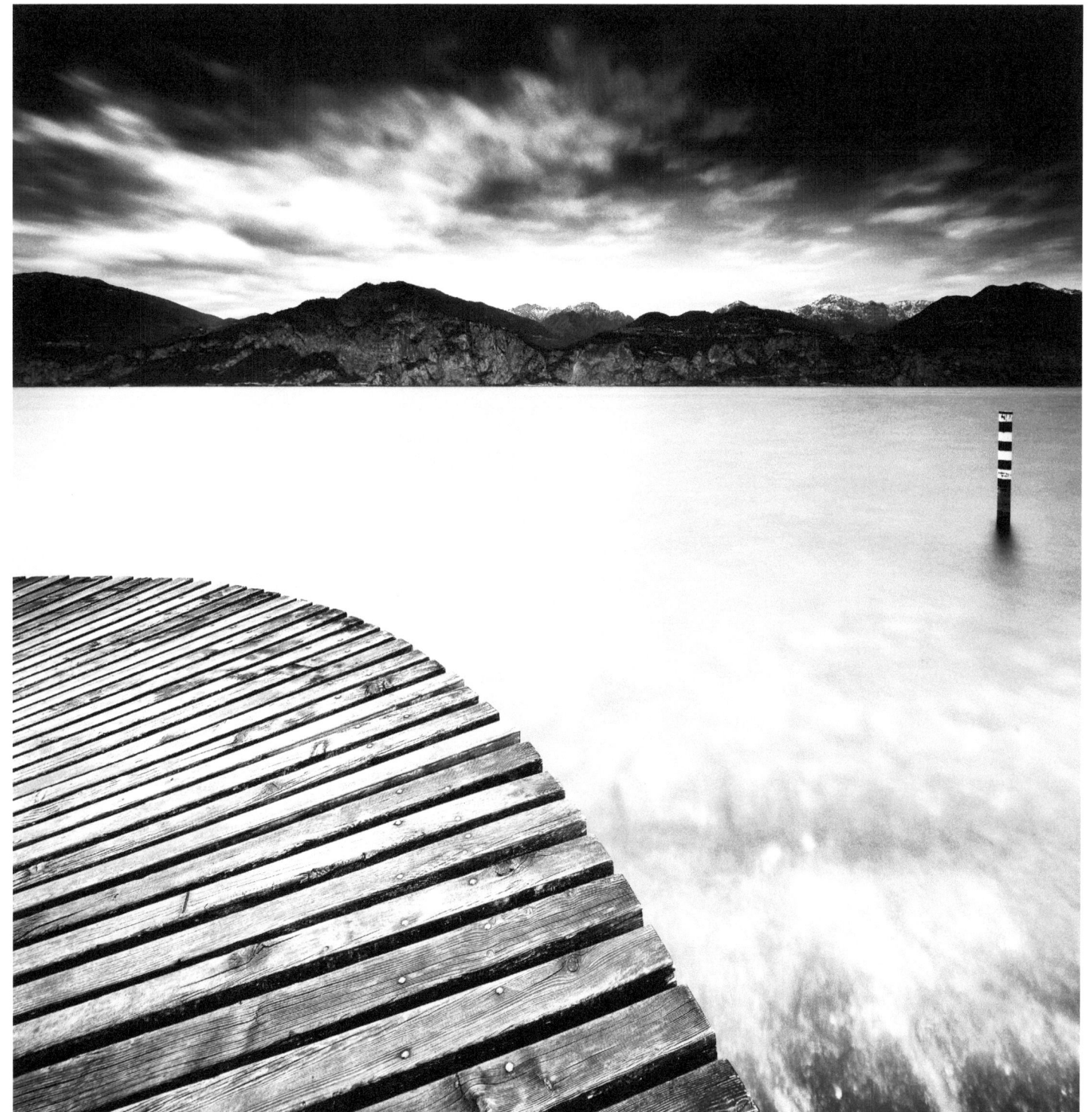

Cassone

Garda Lake

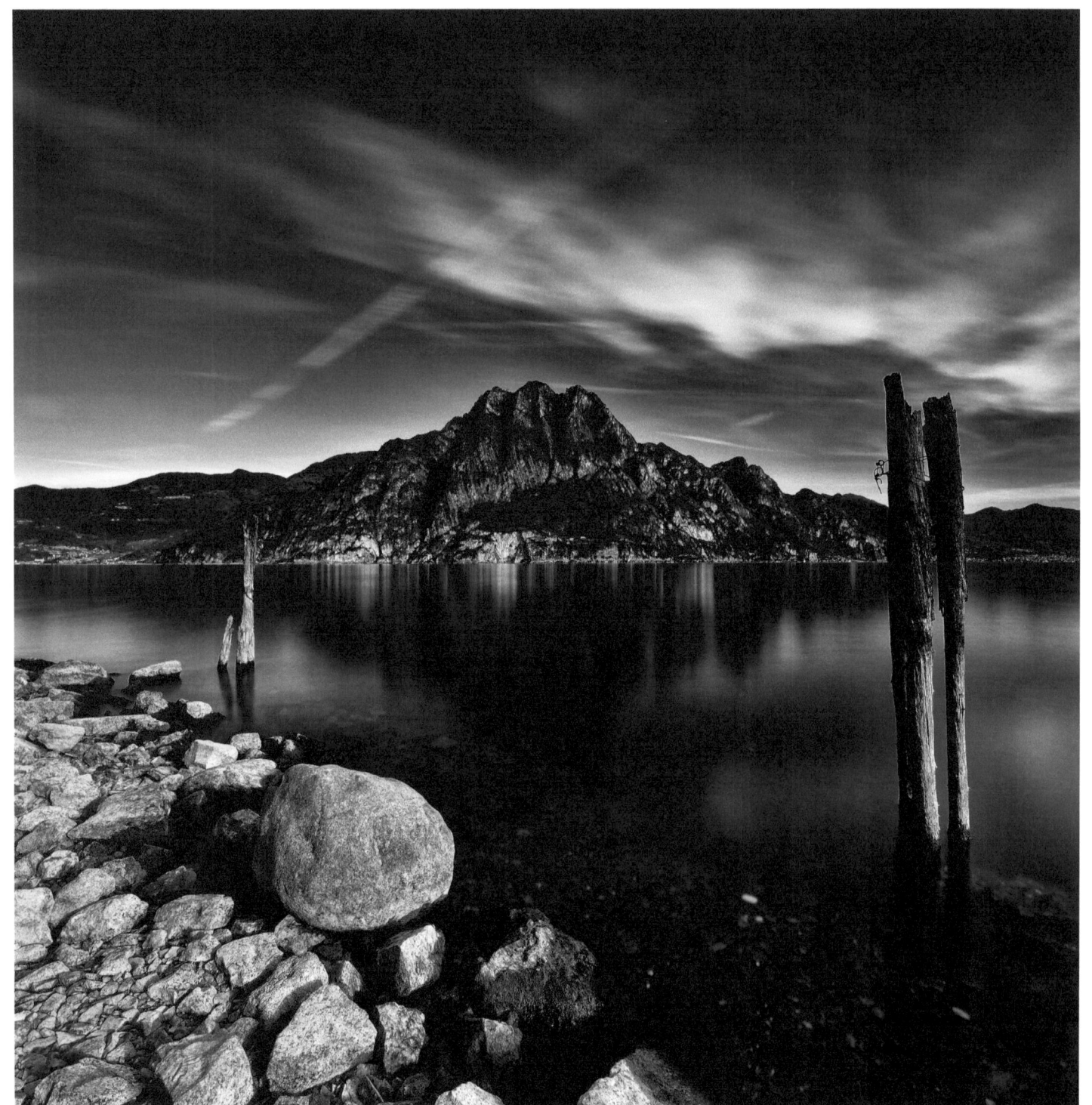

Castro   Iseo Lake

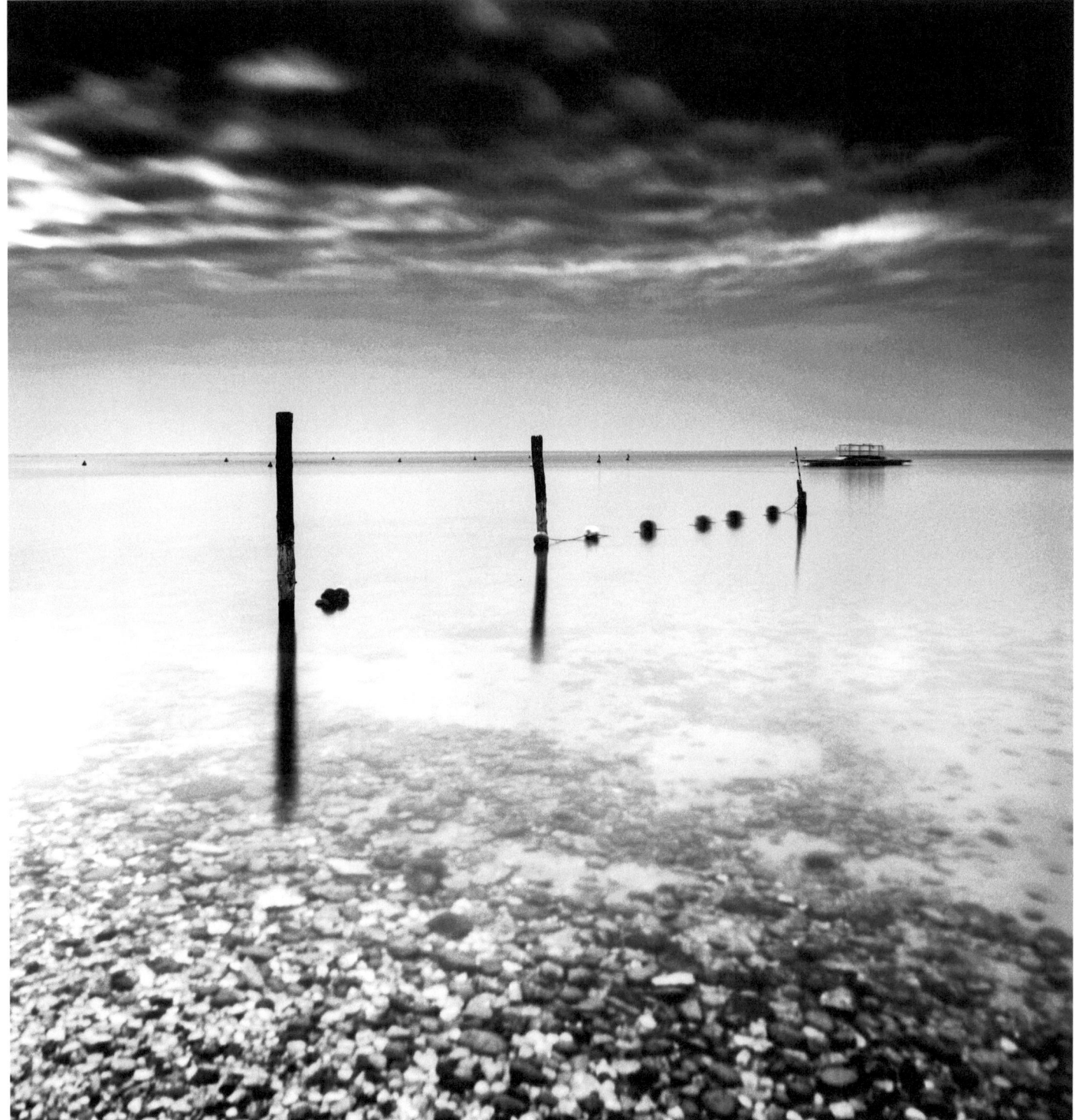

Cisano   Garda Lake

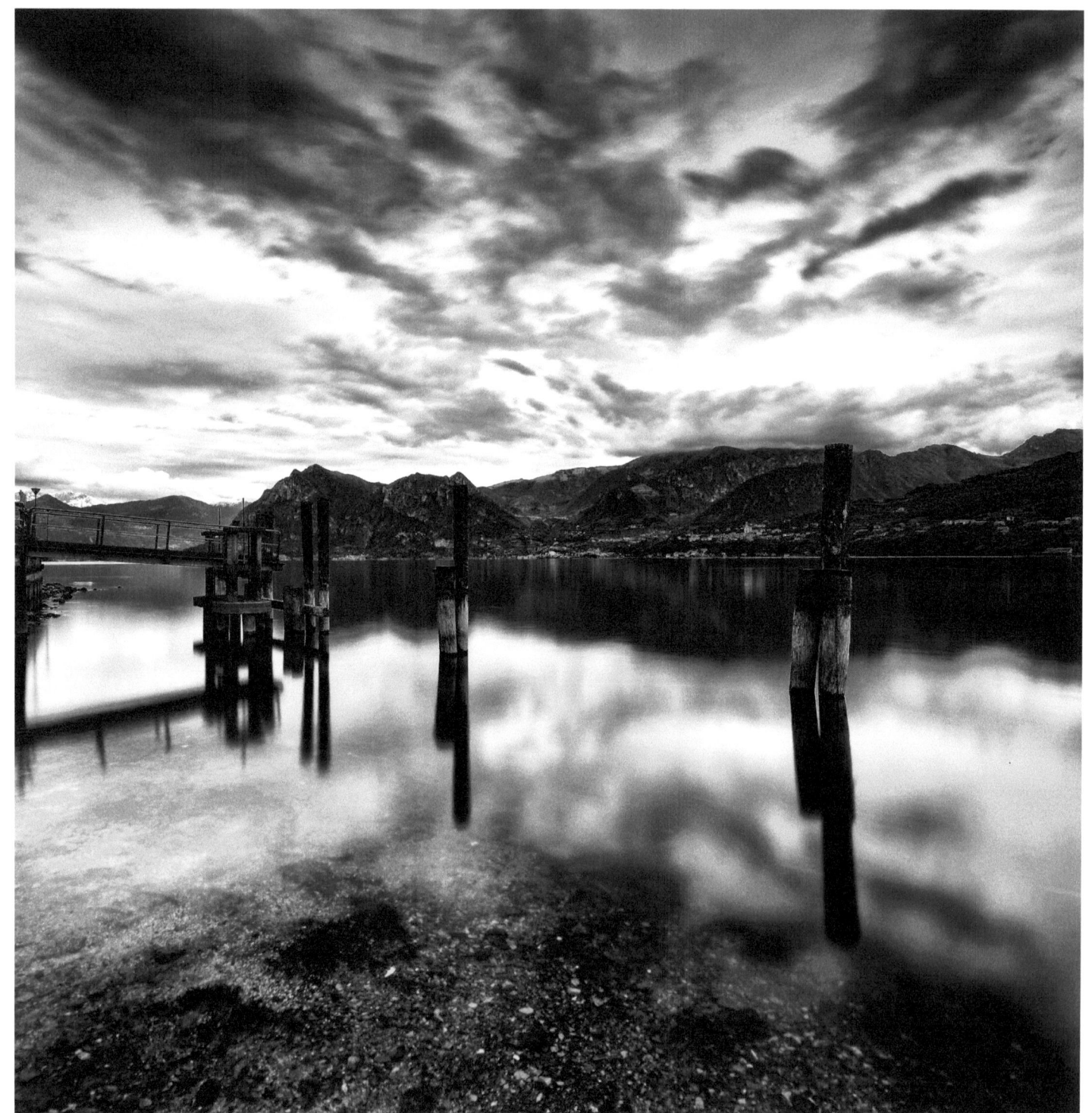

Gallinarga

Iseo Lake

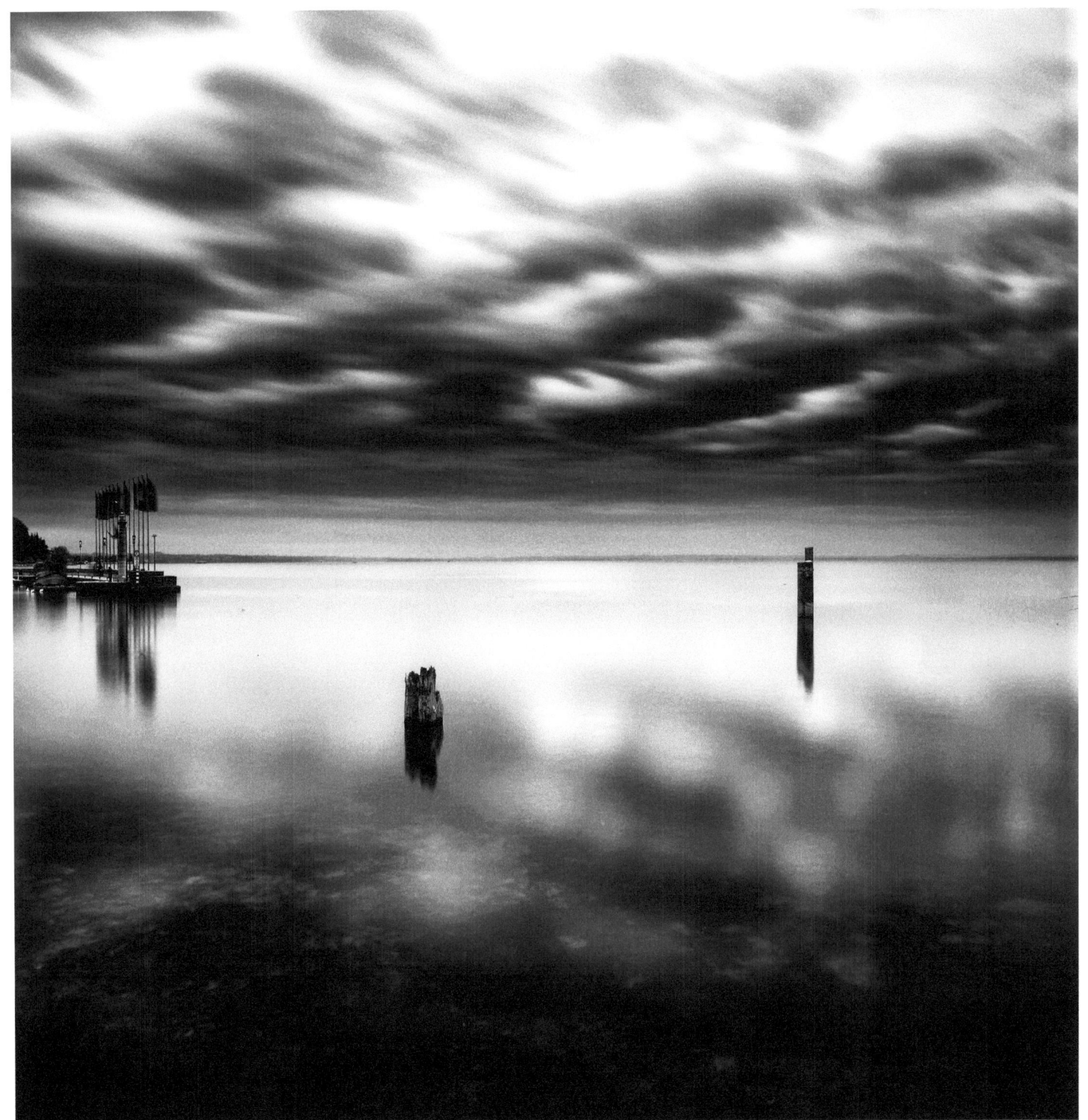

Garda

Garda Lake

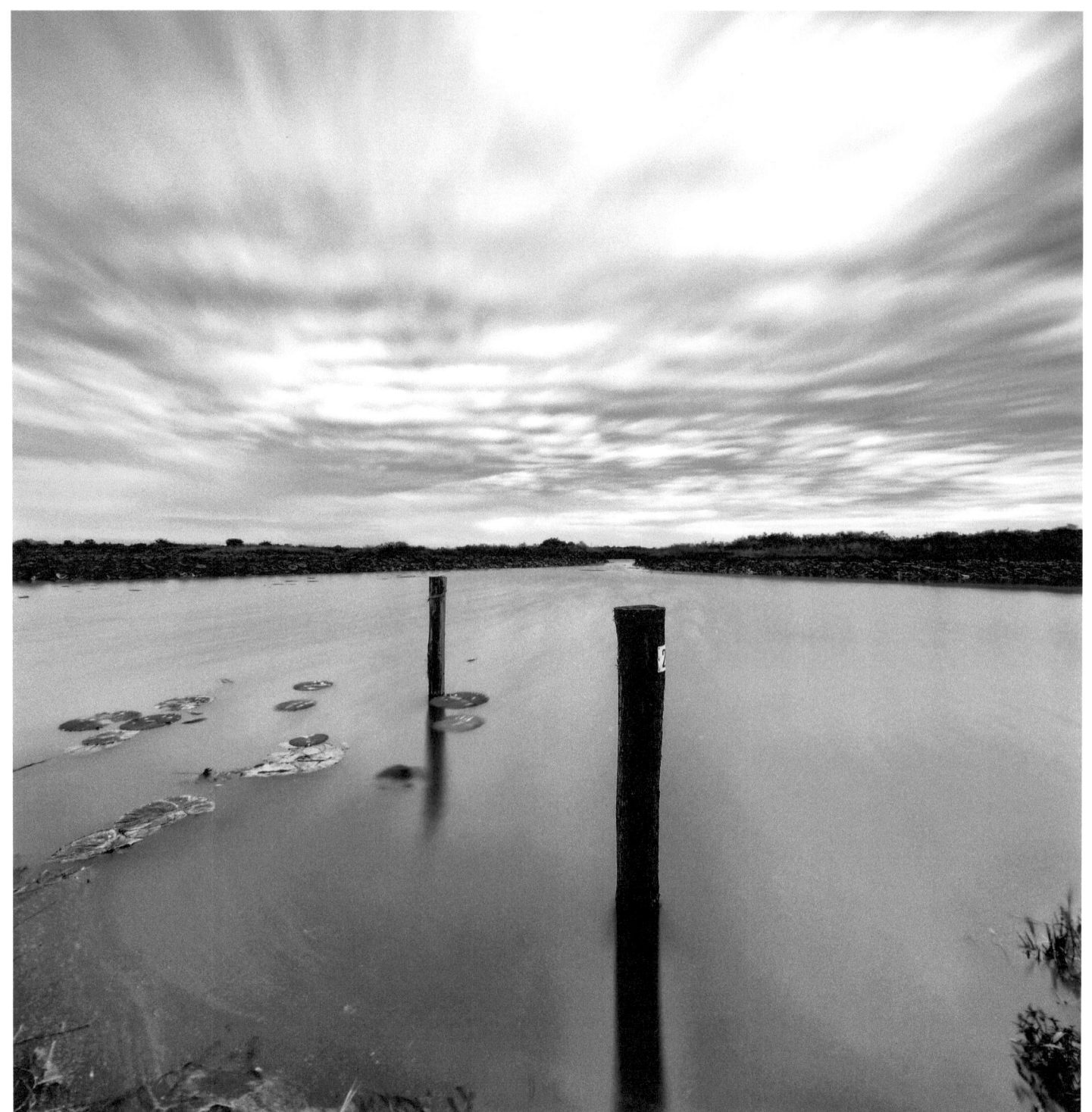

Grazie   Mantova

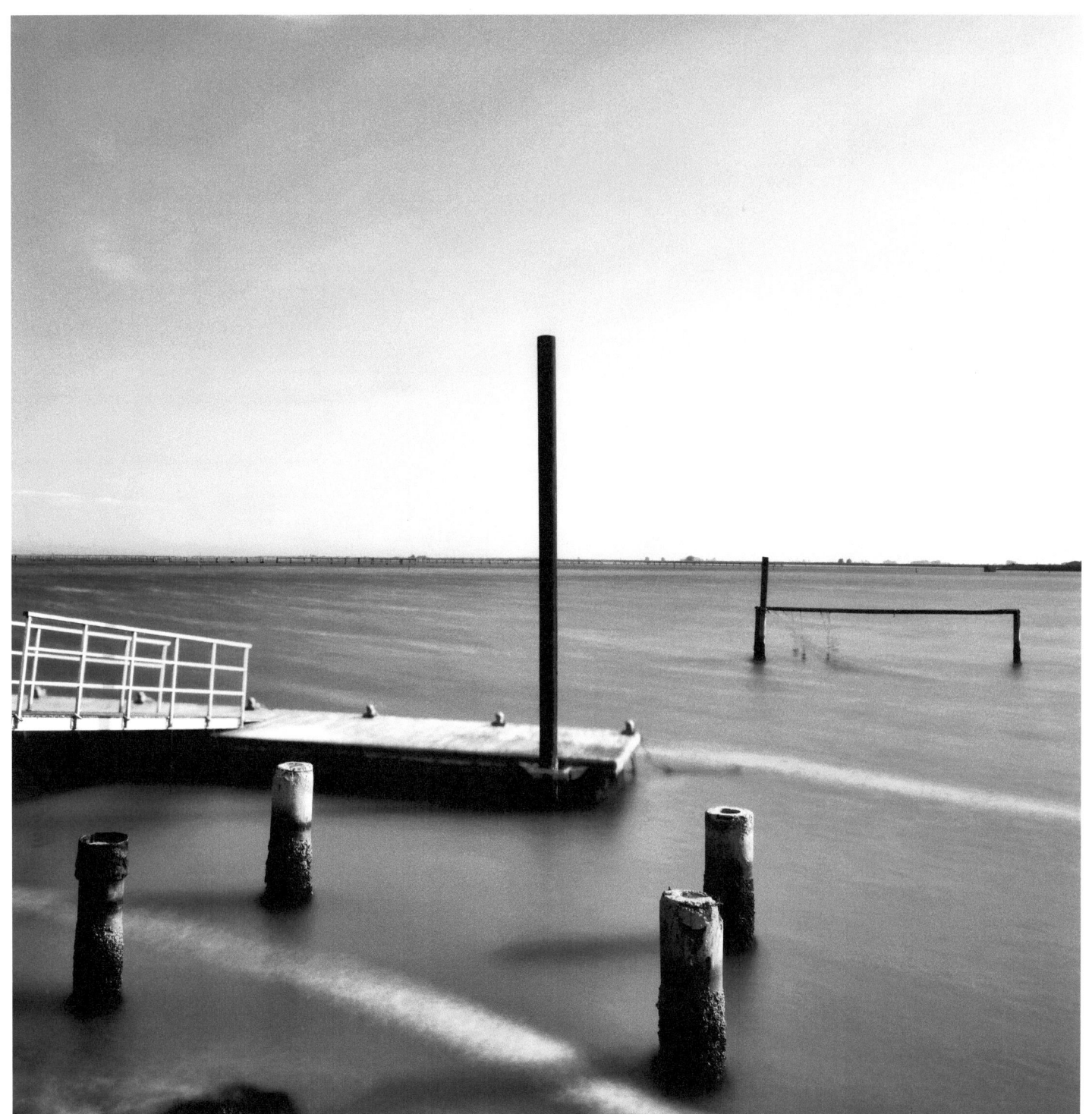

Isola della Donzella

Rovigo

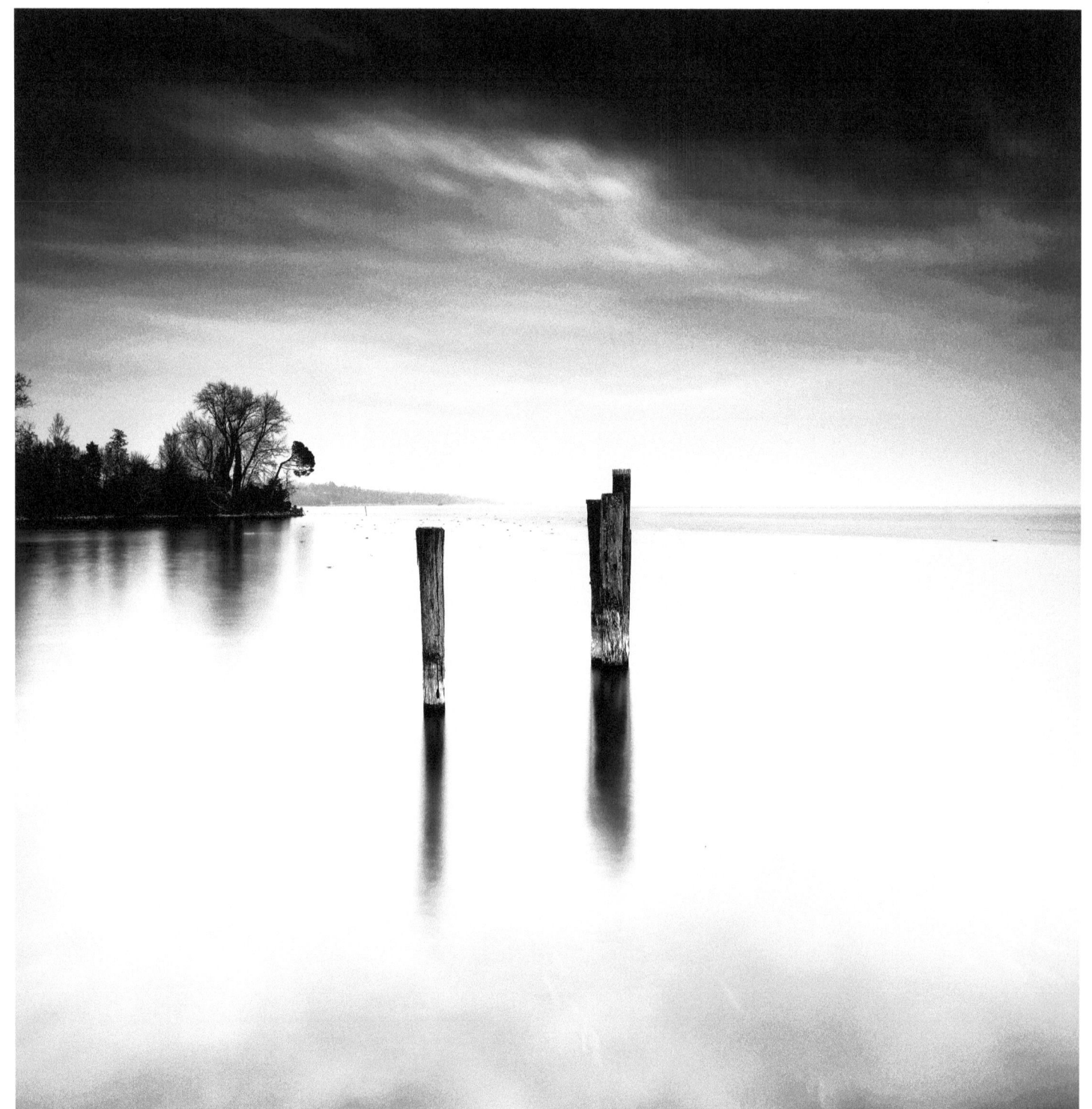

Lazise   Garda Lake

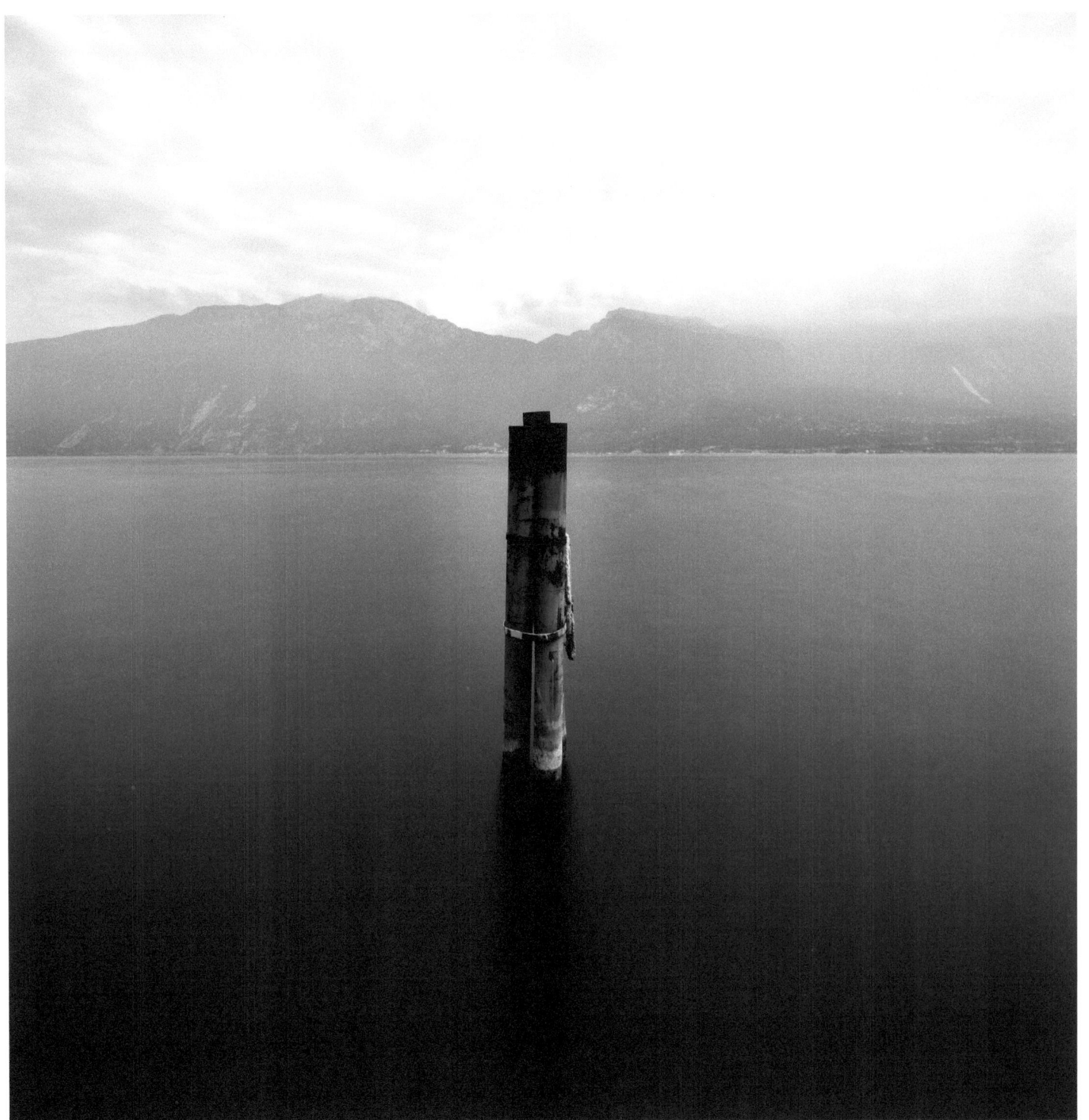

Limone   Garda Lake

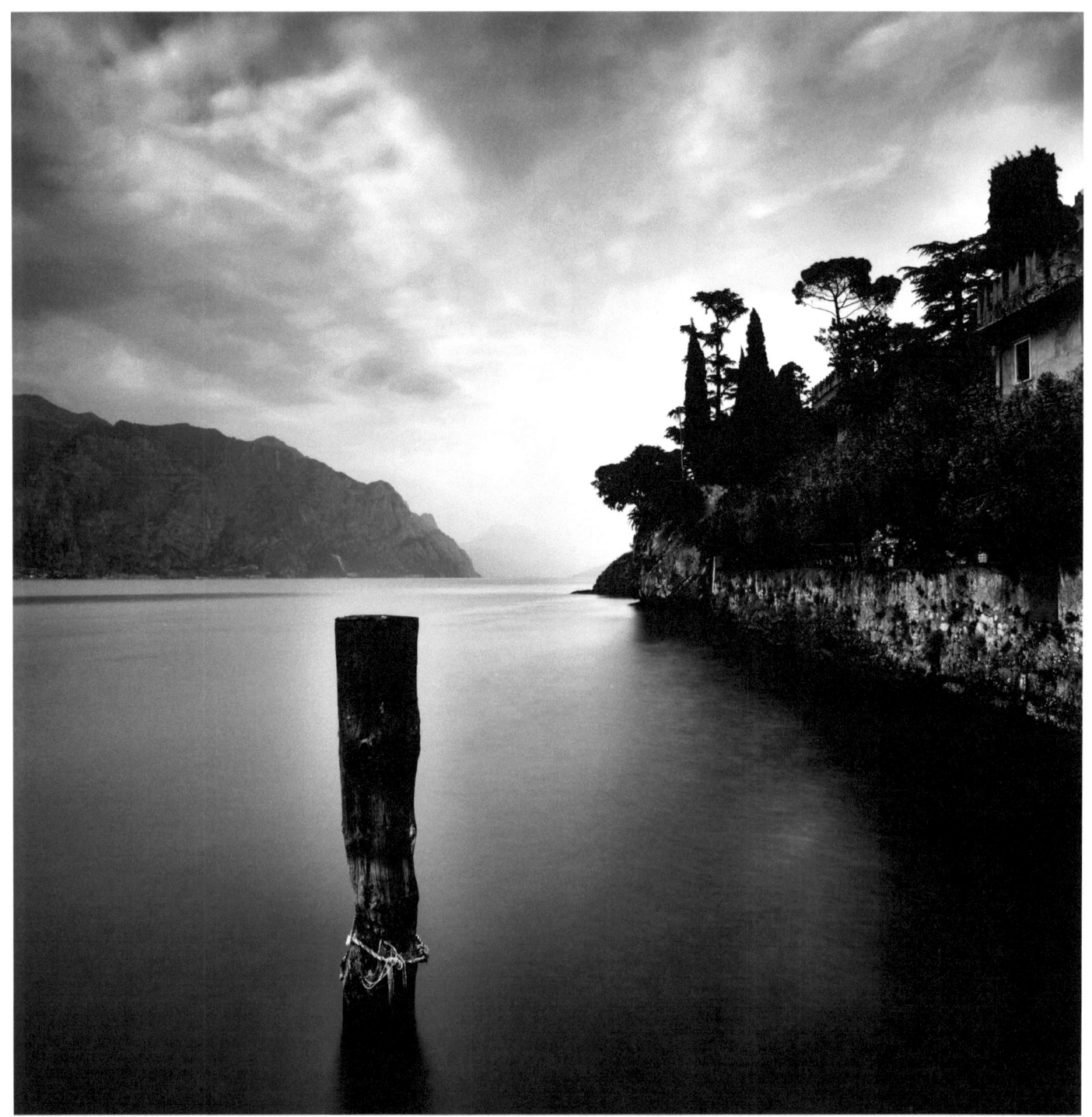

Malcesine   Garda Lake

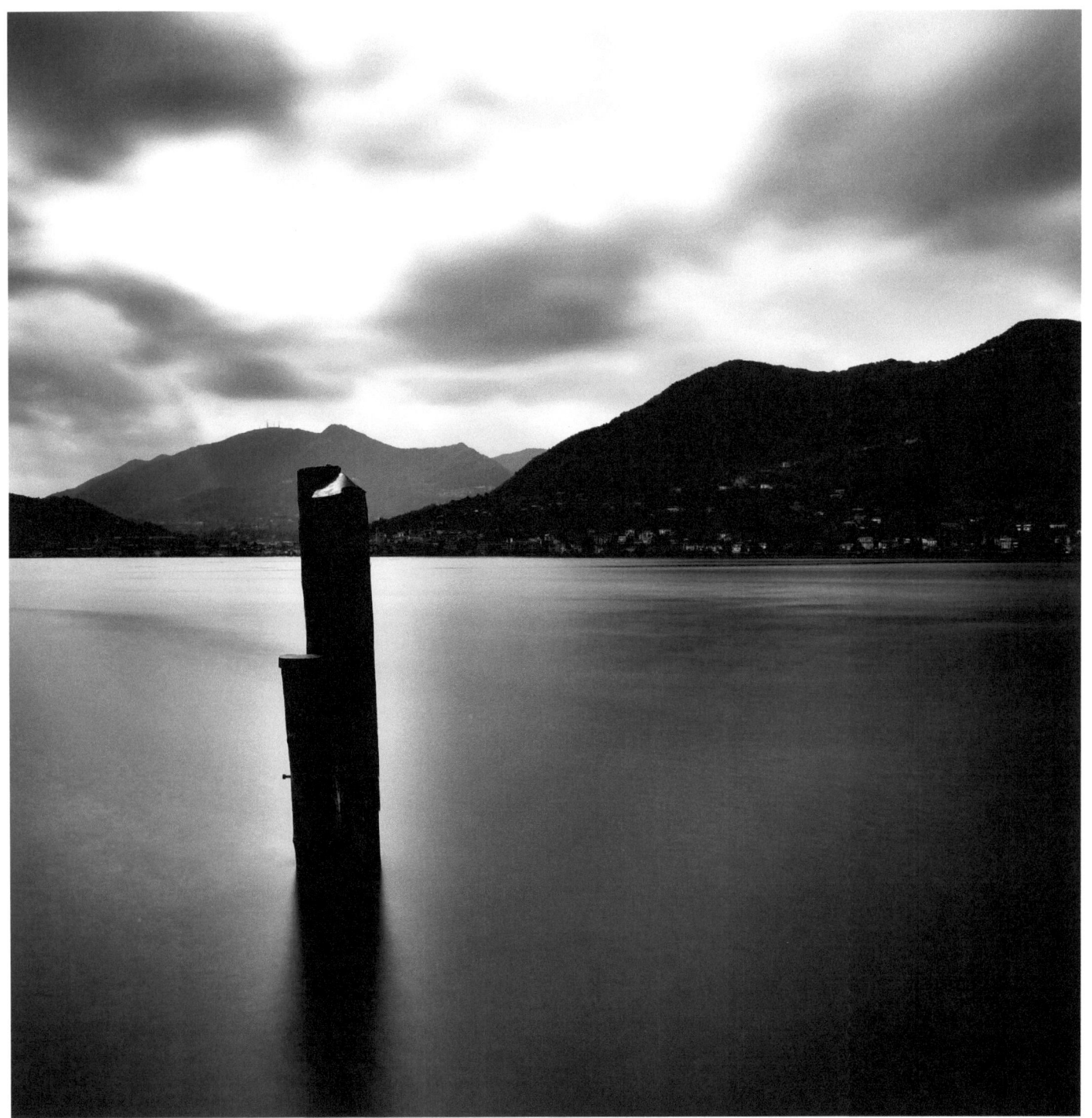

Manerba   Garda Lake

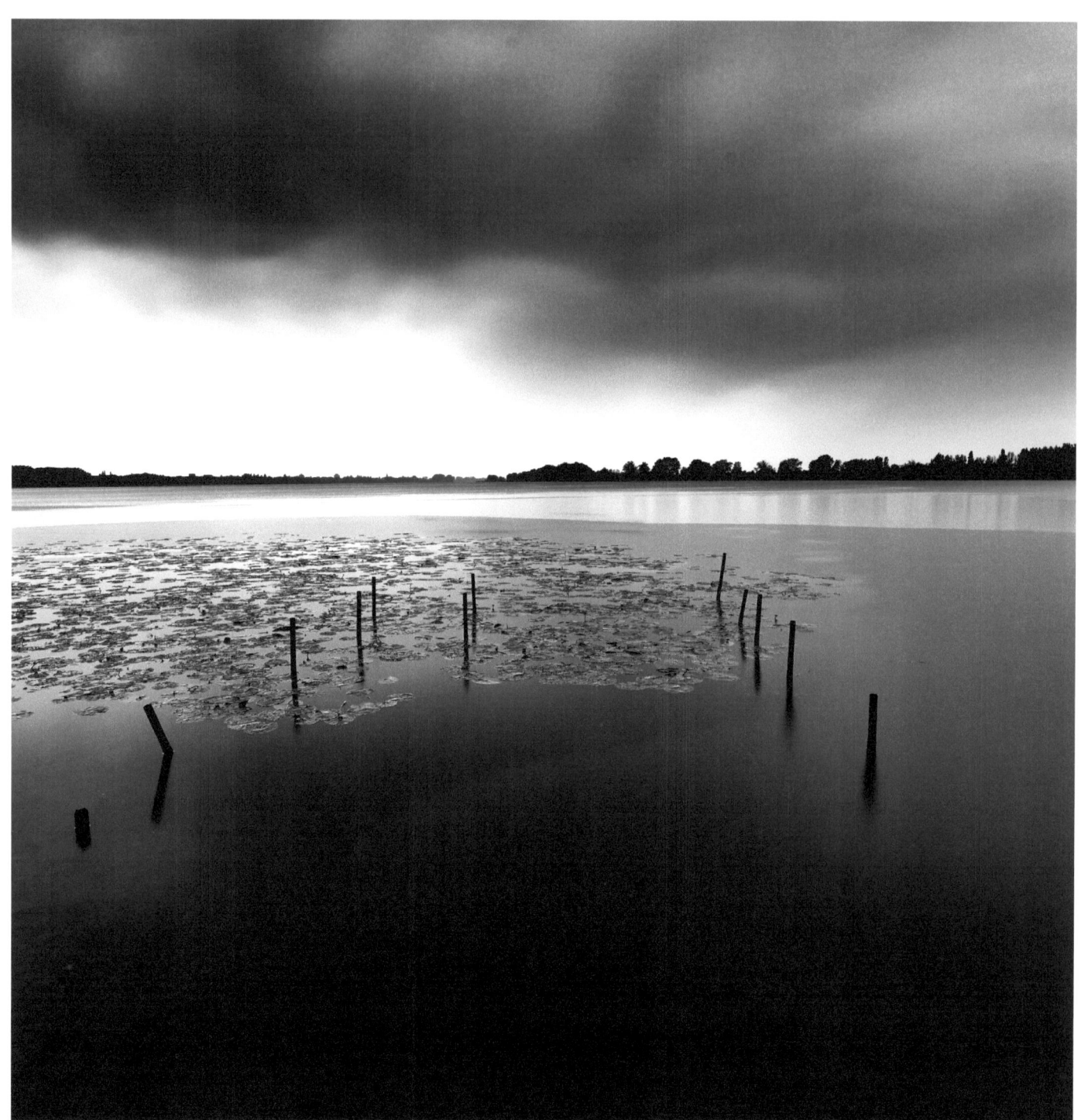

Mantova

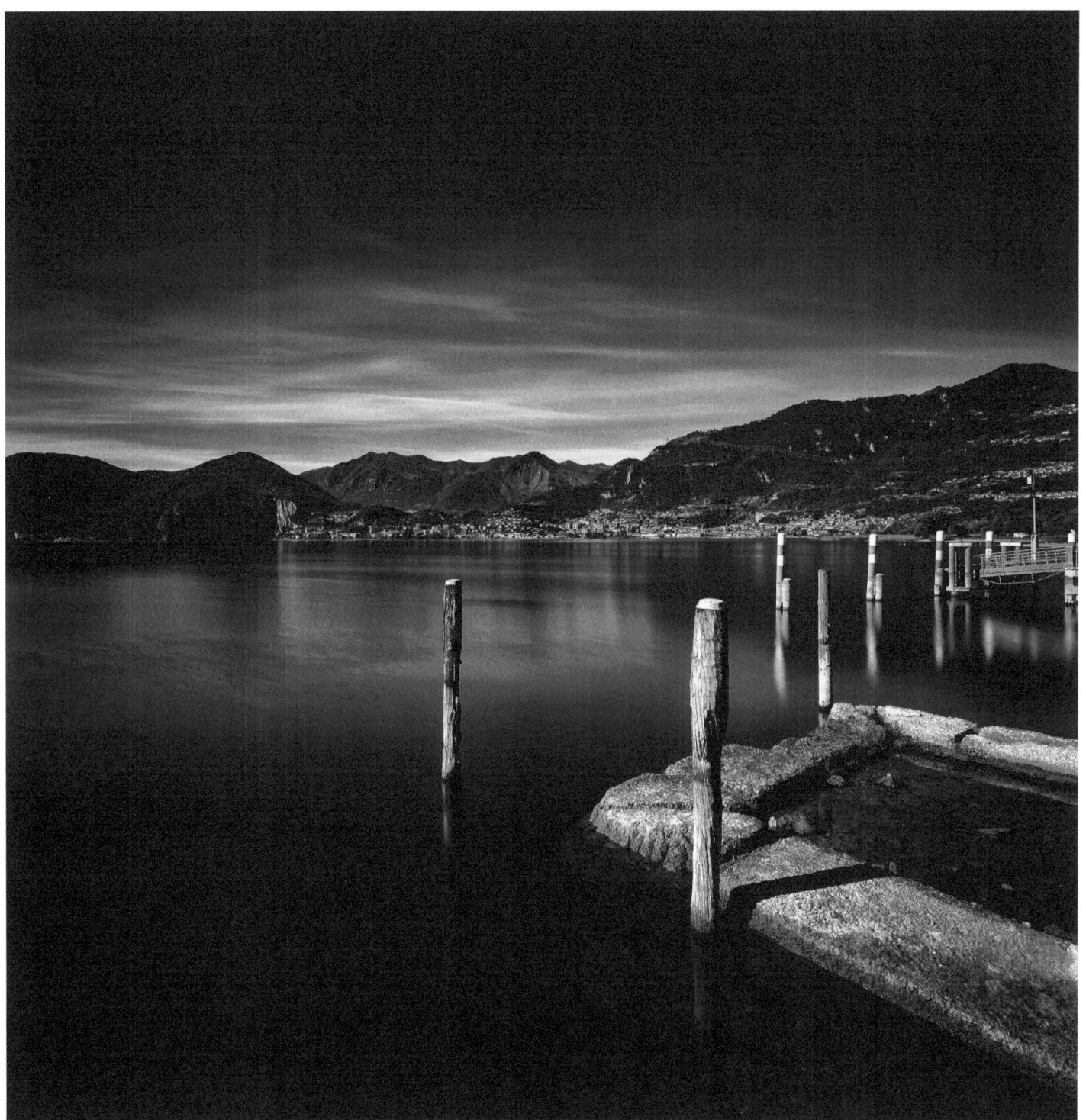

Pisogne

Iseo Lake

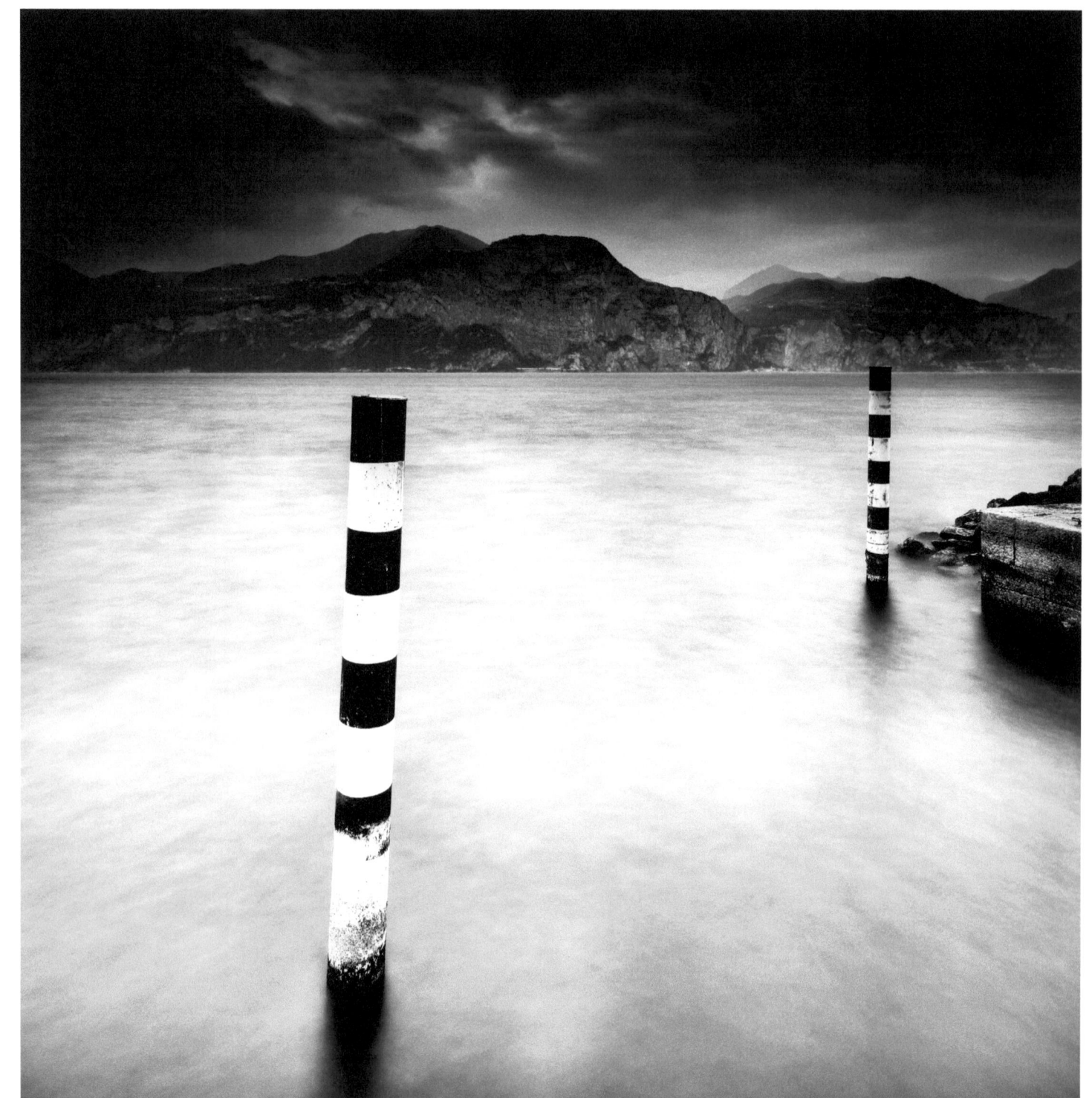

Porto di Brenzone   Garda Lake

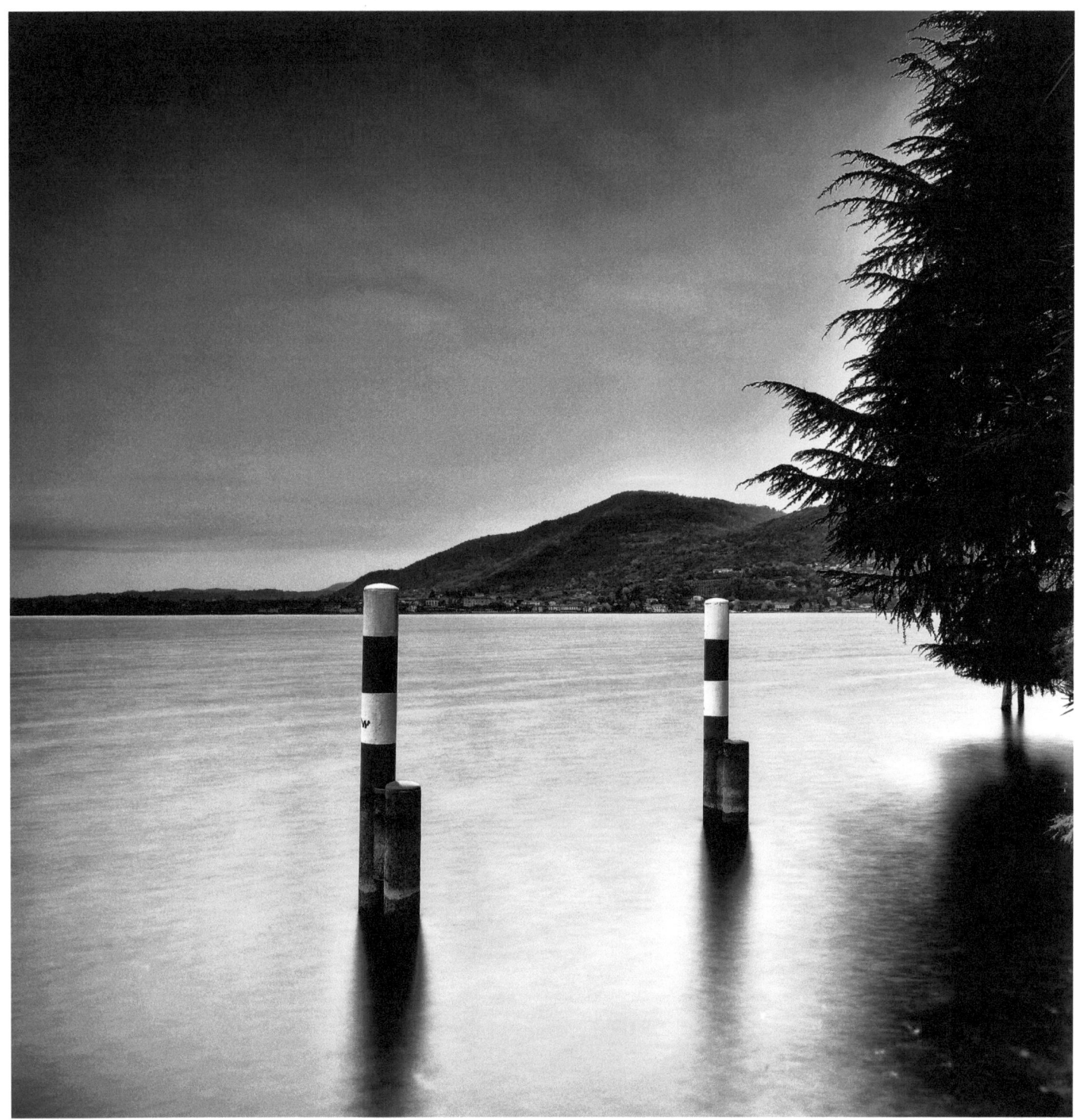

Predore

Iseo Lake

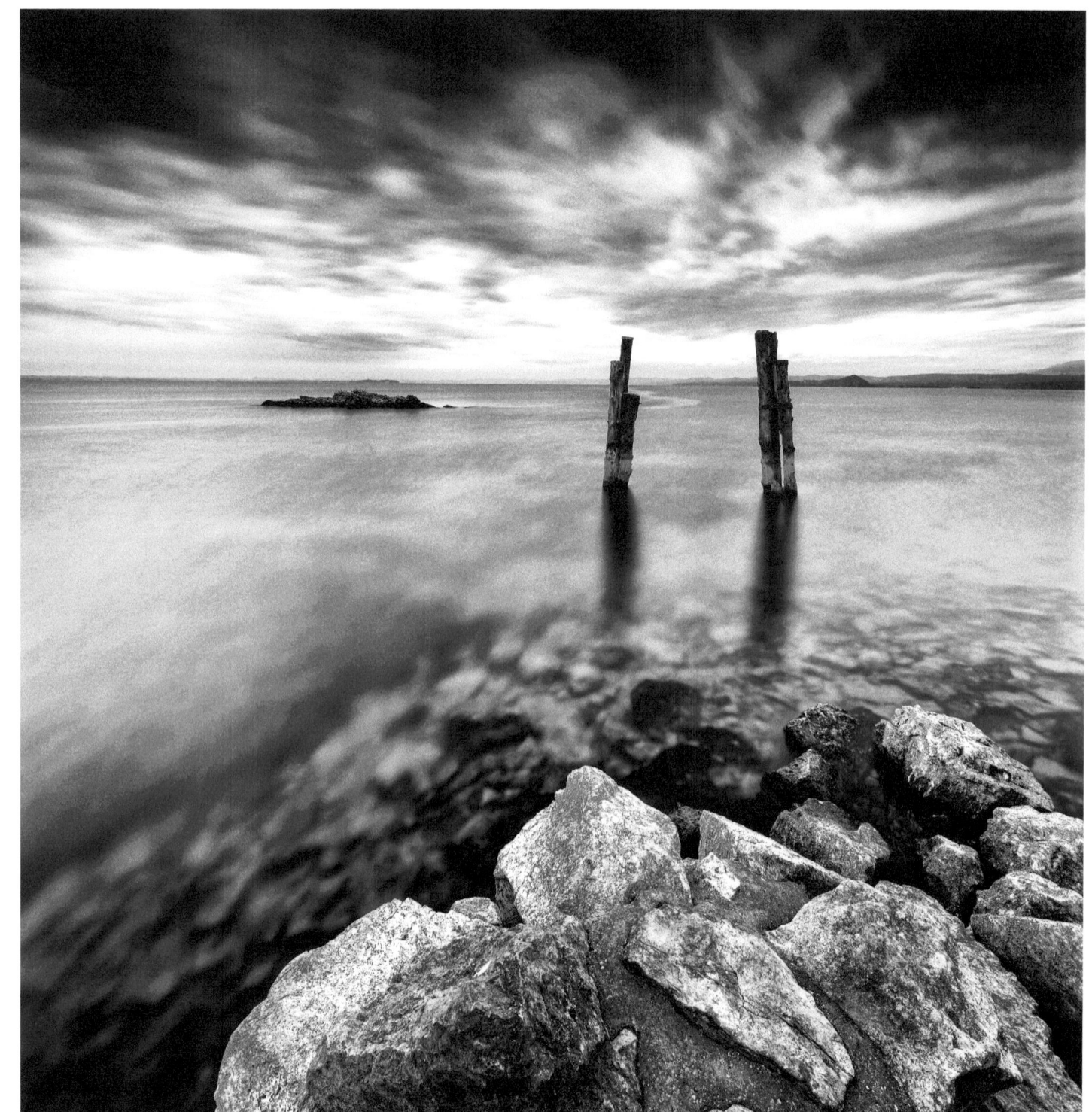

Punta San Vigilio

Garda Lake

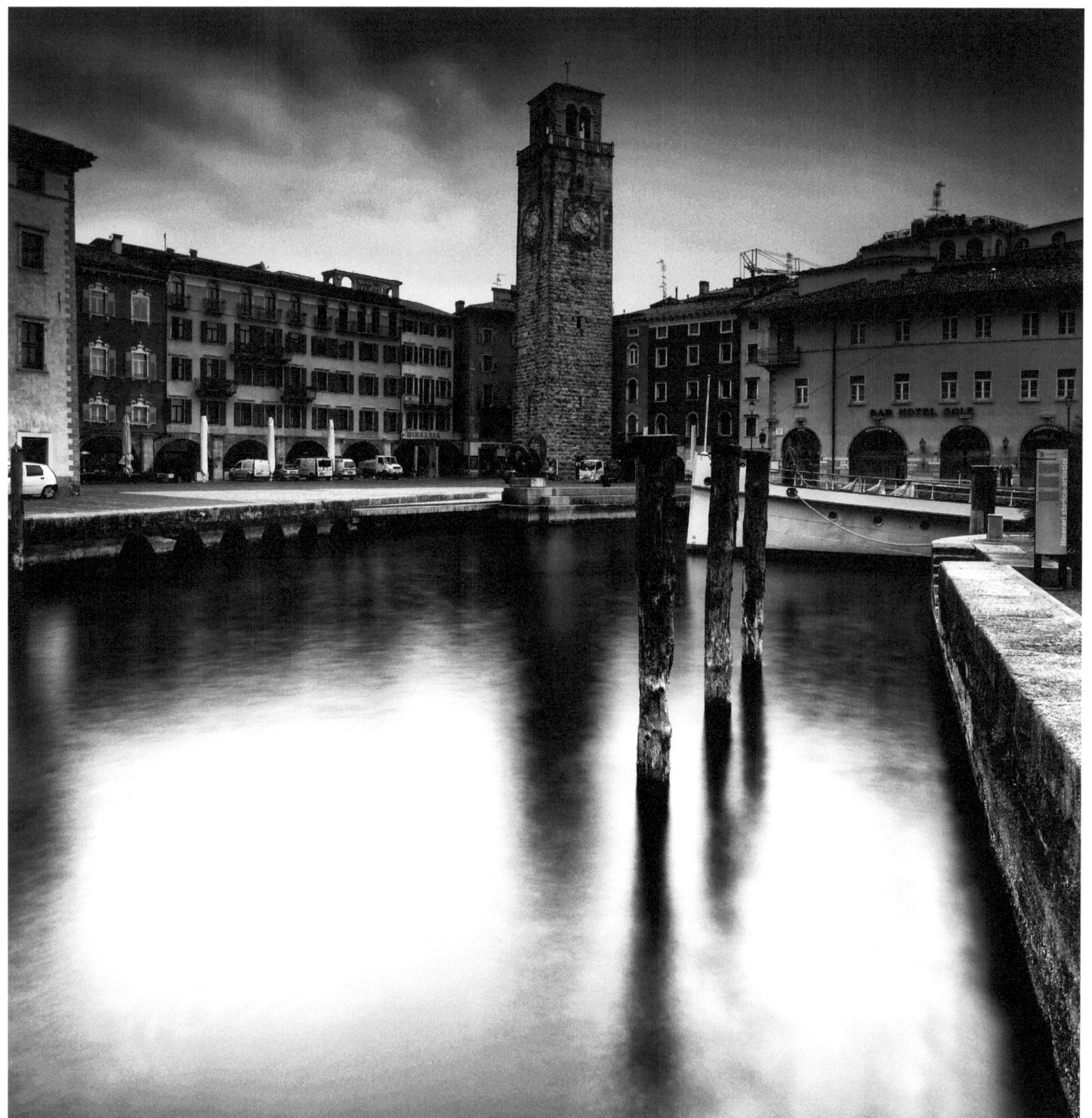

Riva del Garda

Garda Lake

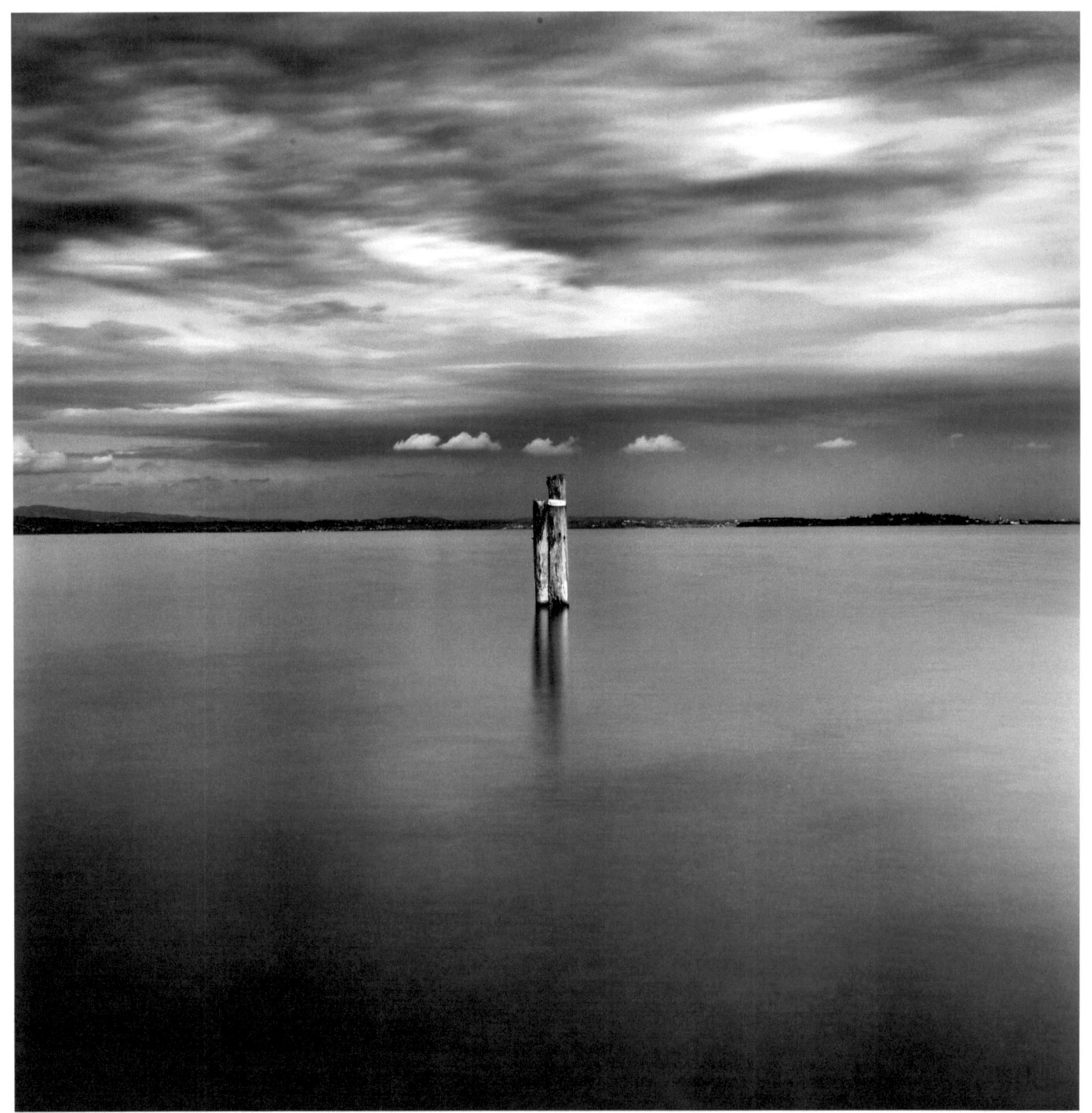

Rivoltella   Garda Lake

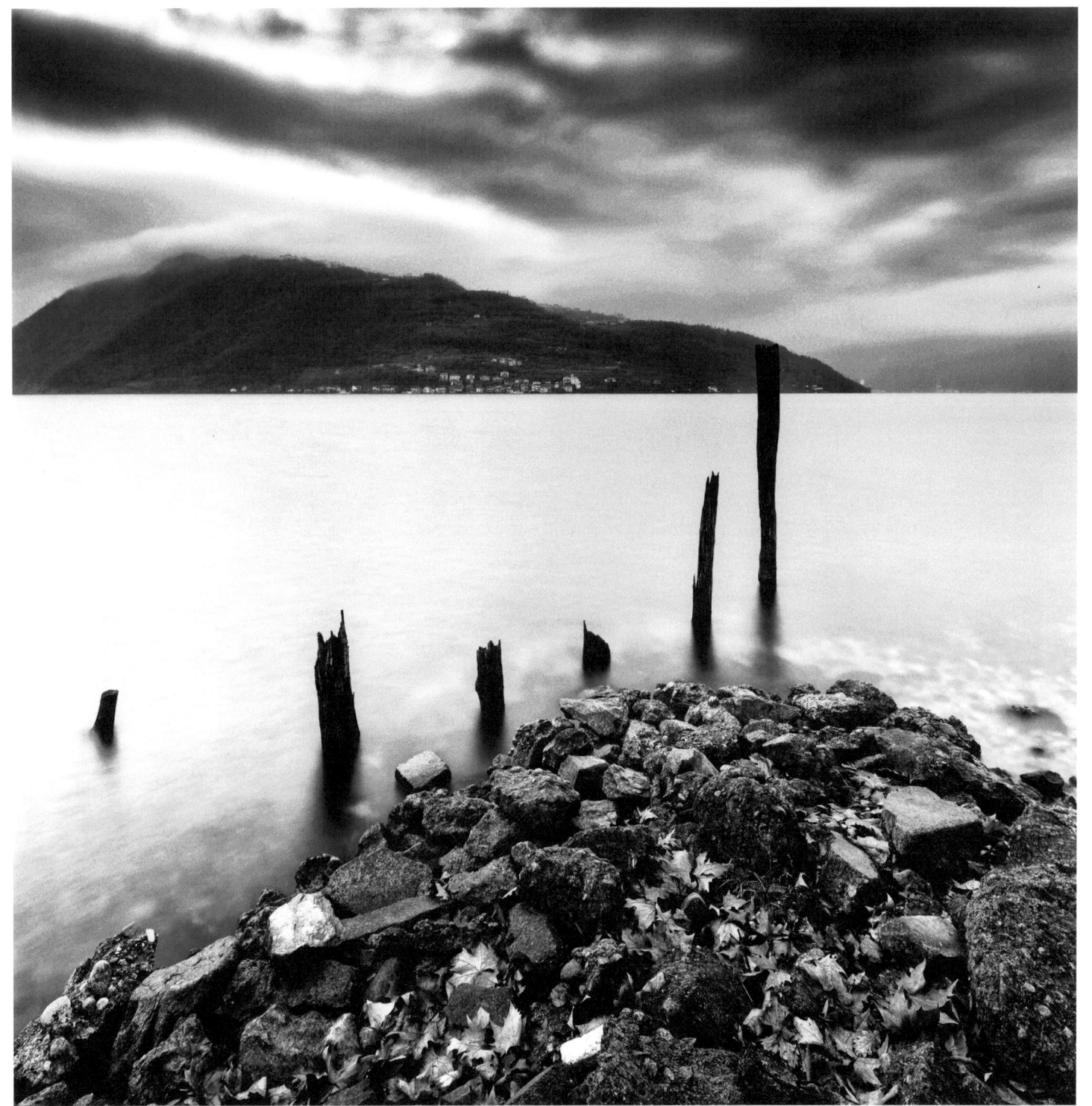

Sale Marasino   Iseo Lake

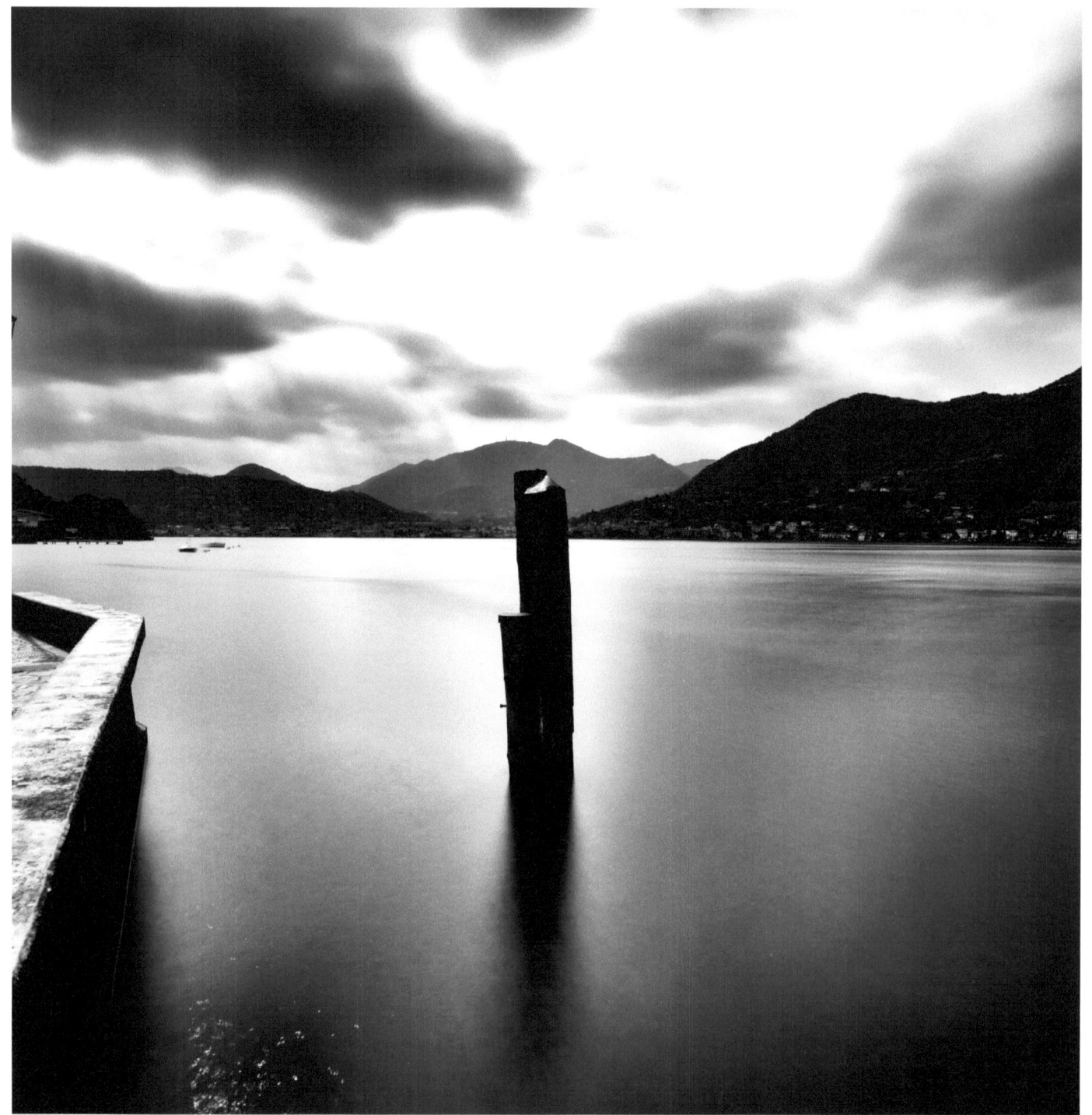

Salò   Garda Lake

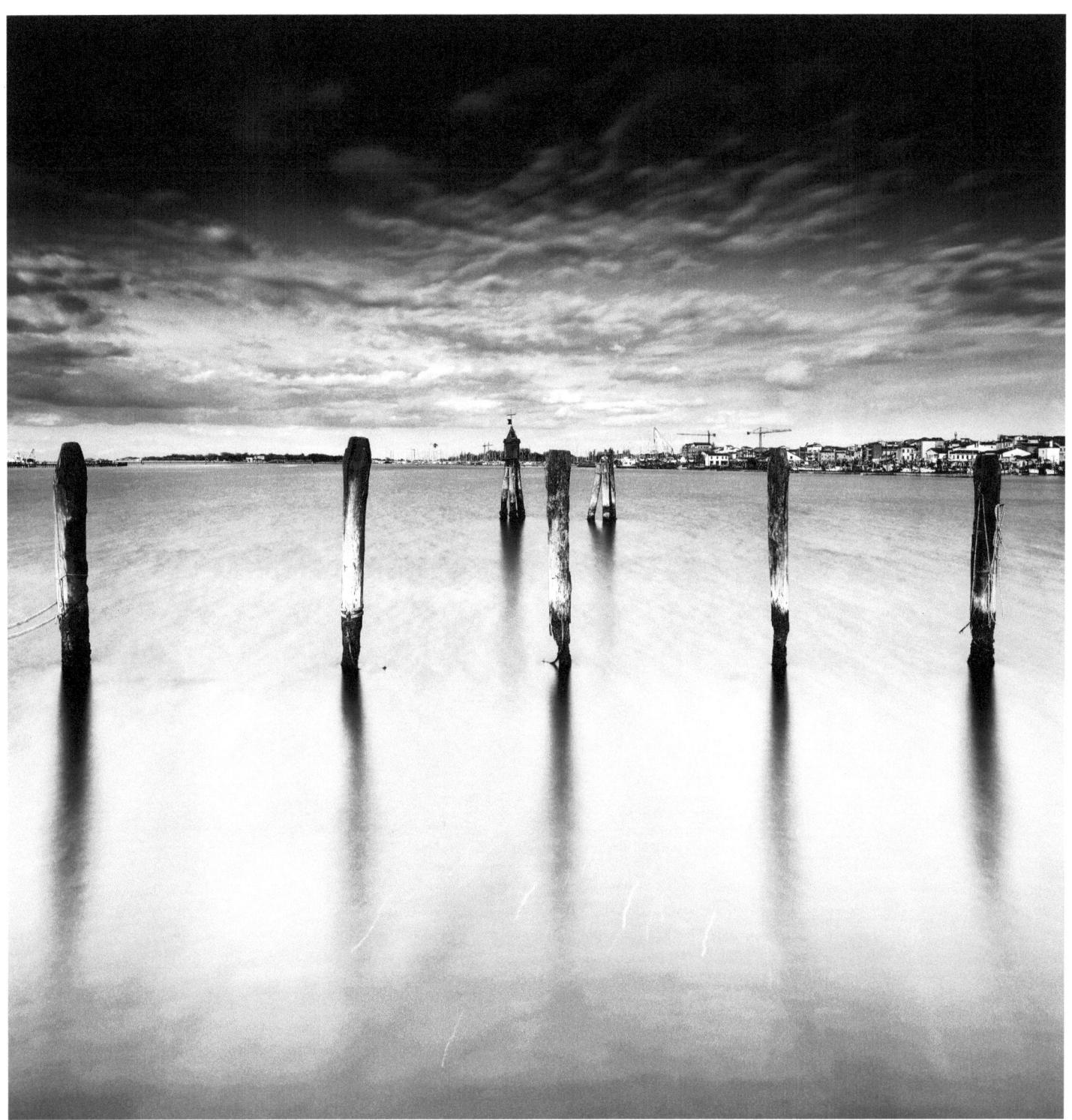

Sottomarina di Chioggia

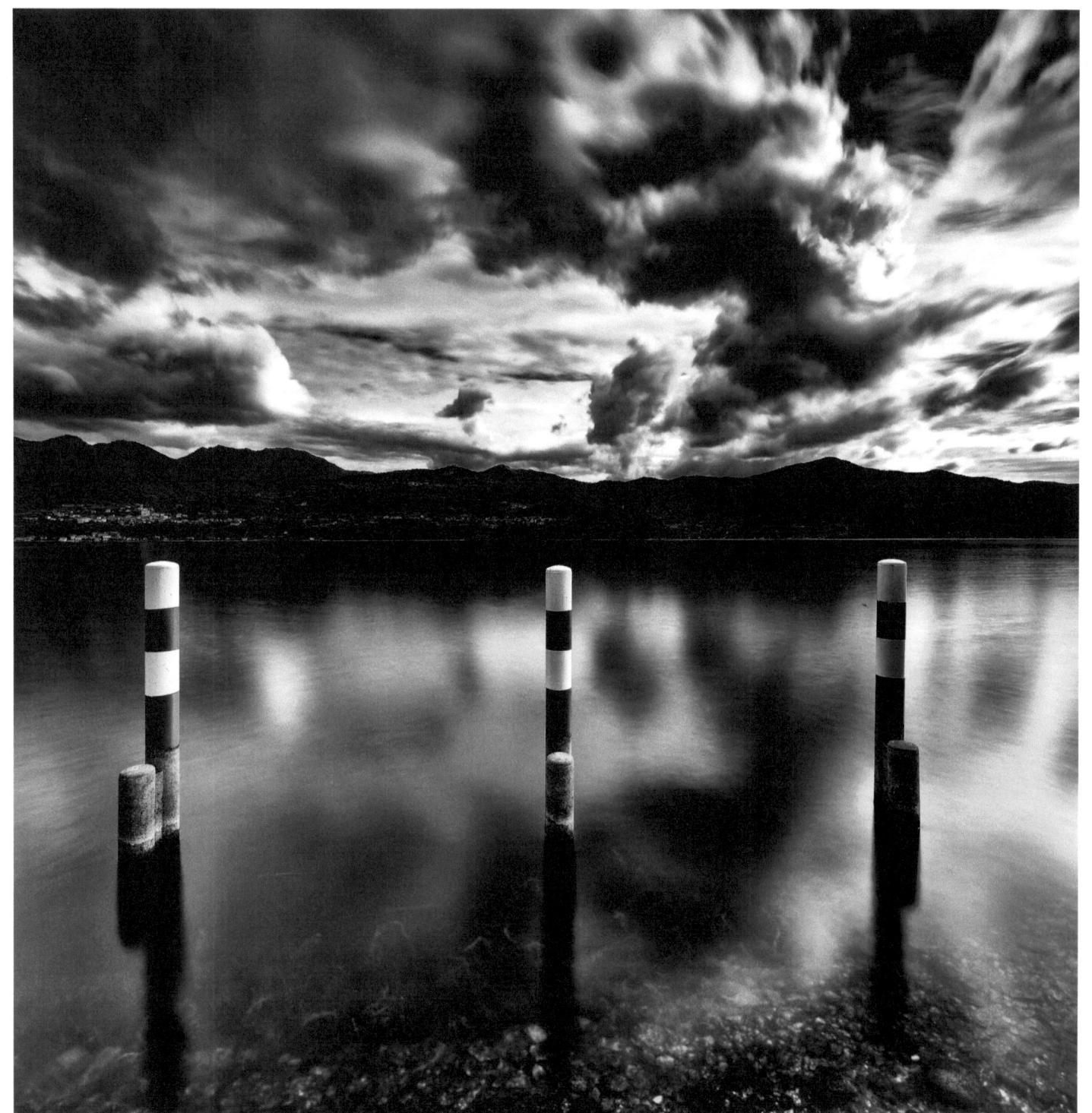

Tavernola Bergamasca   Iseo Lake

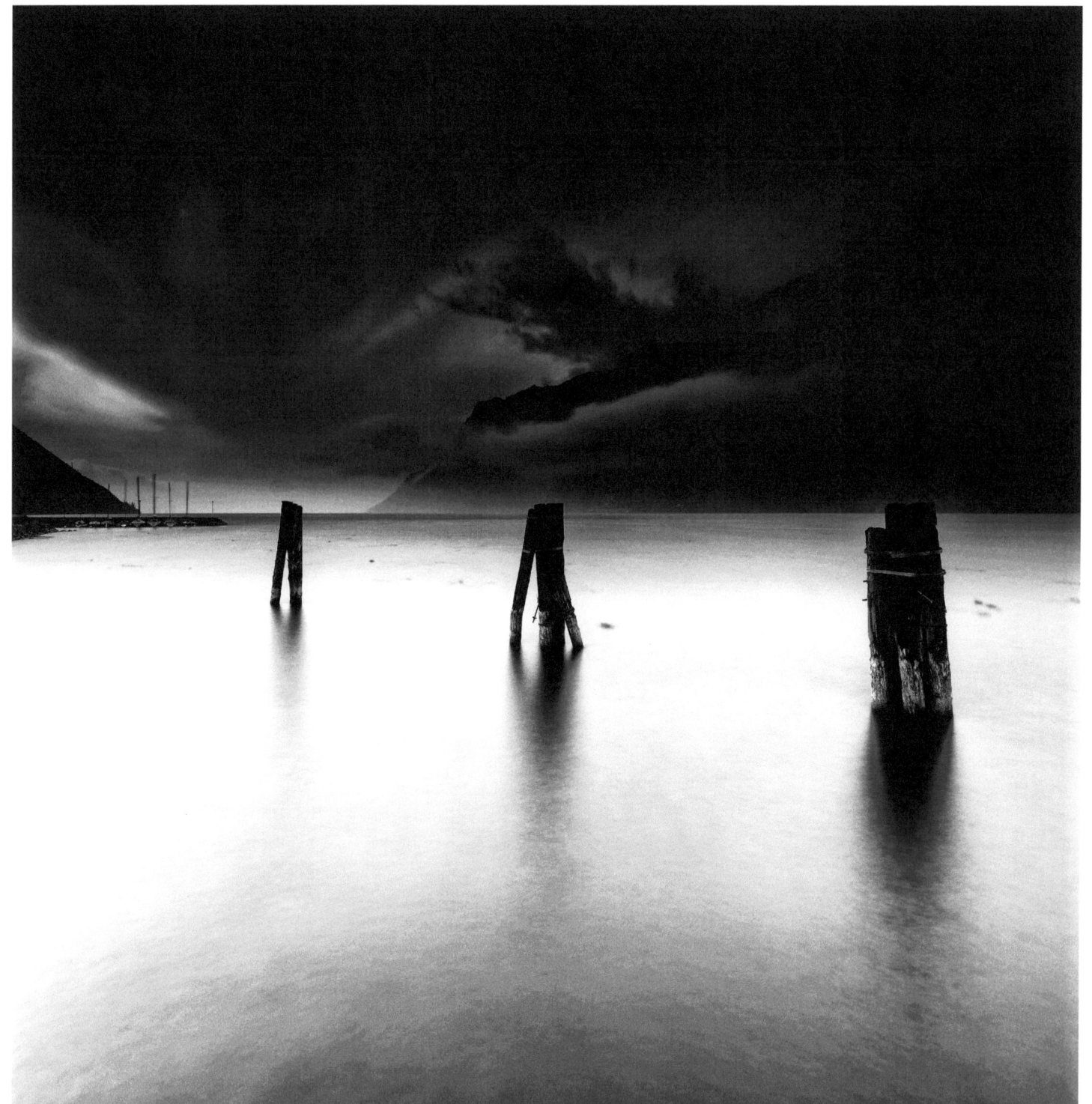

Torbole   Garda Lake

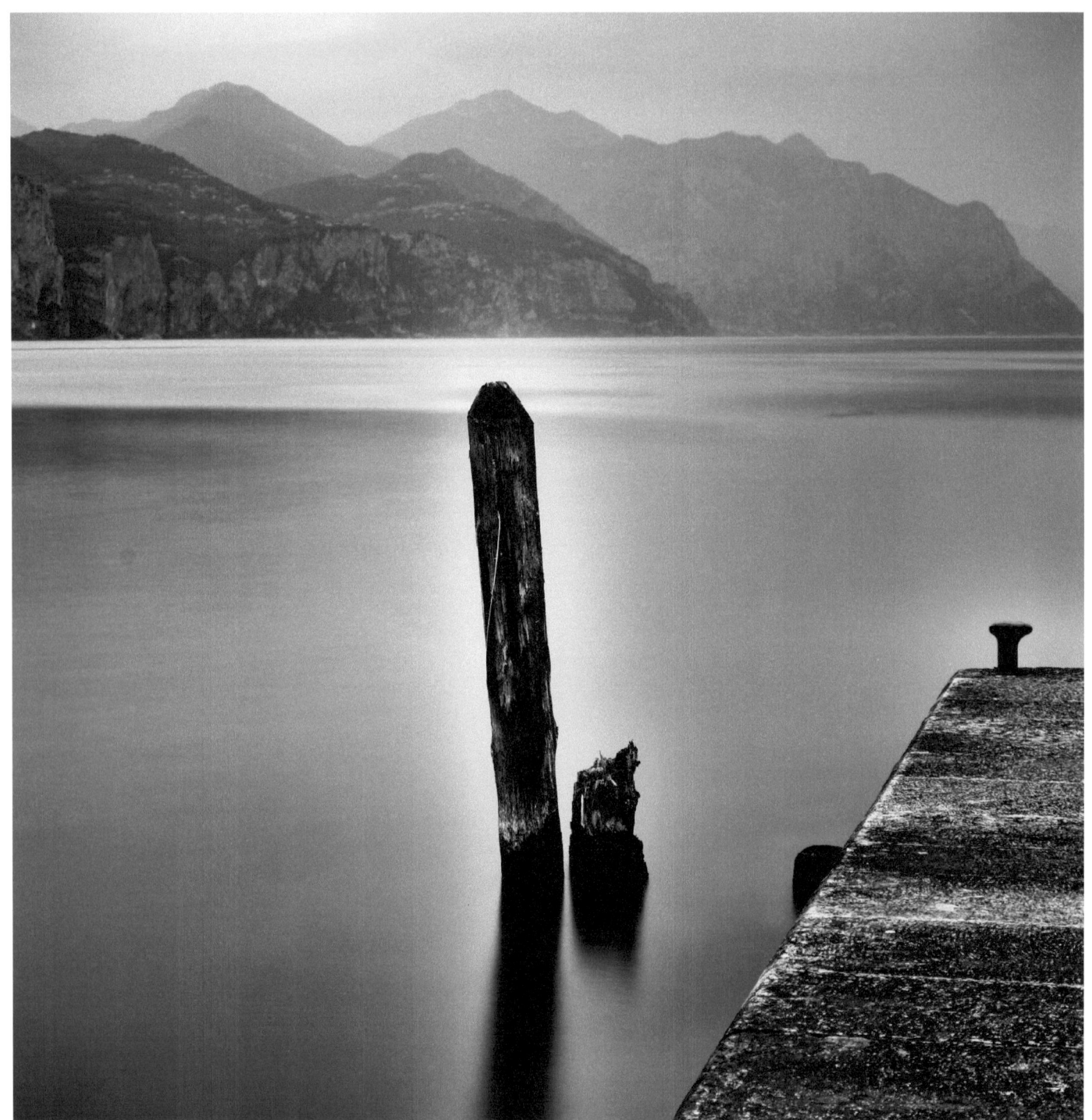

Torri del Benaco

Garda Lake

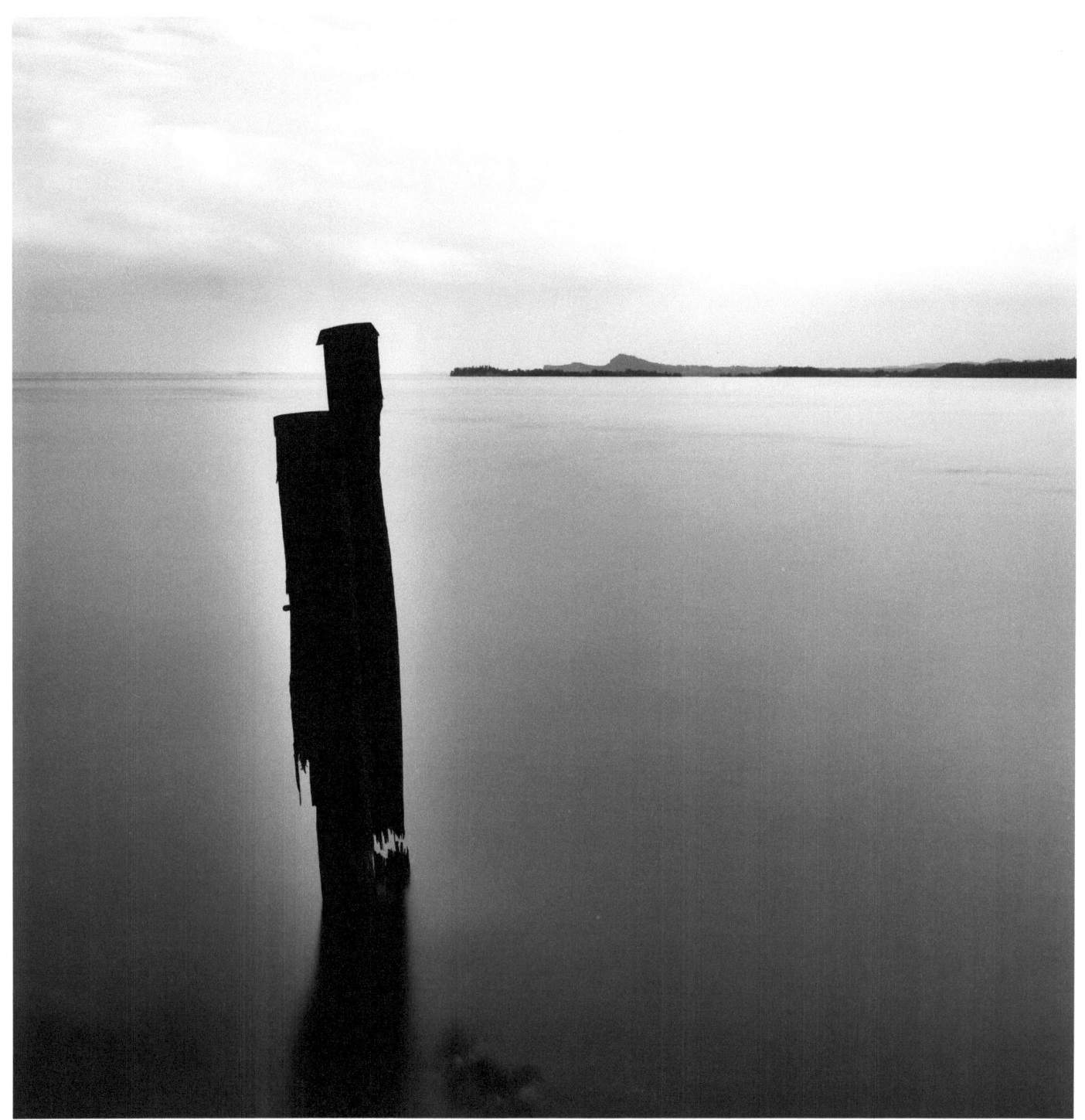

Toscolano Maderno   Garda Lake

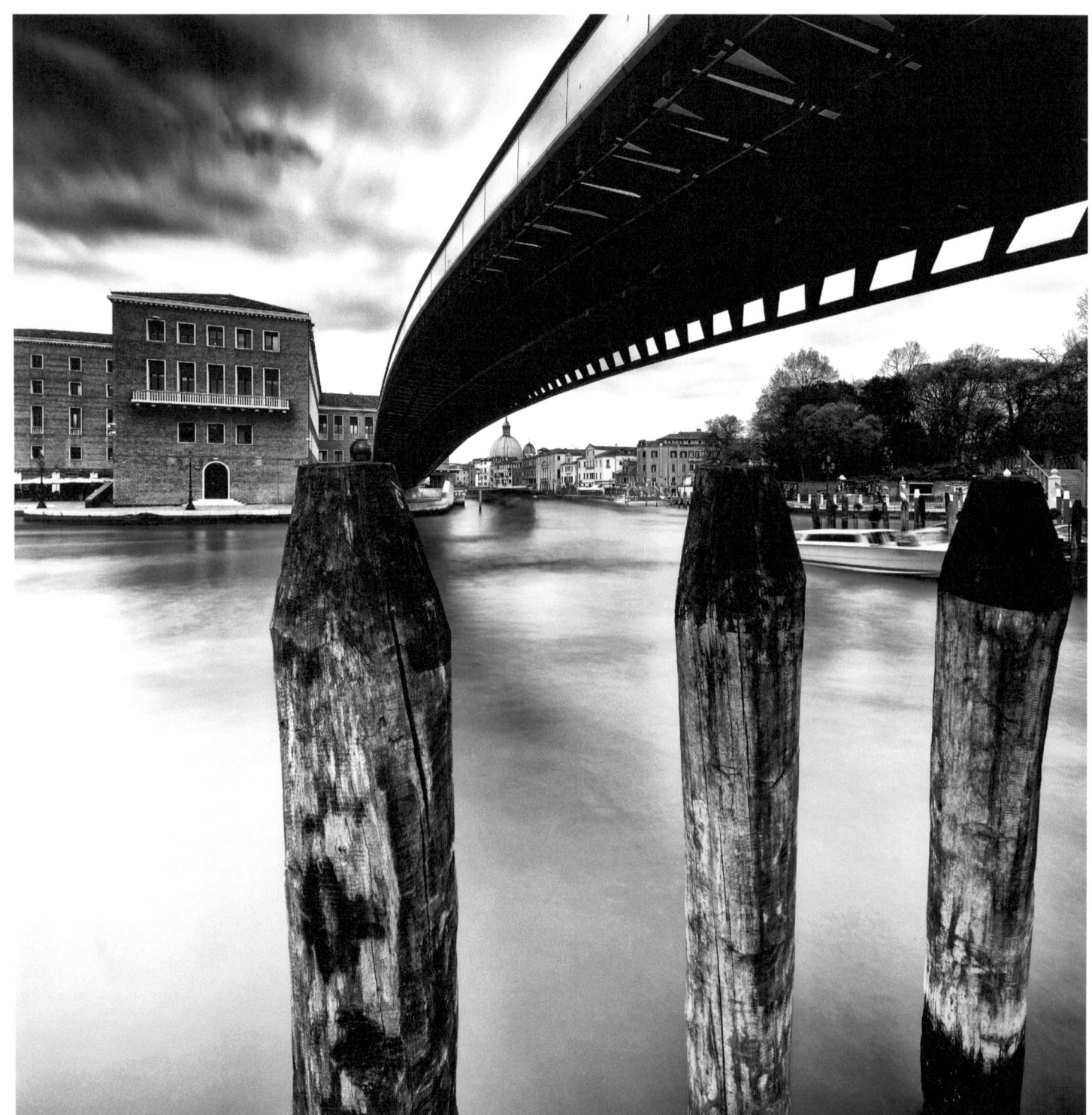

Venezia

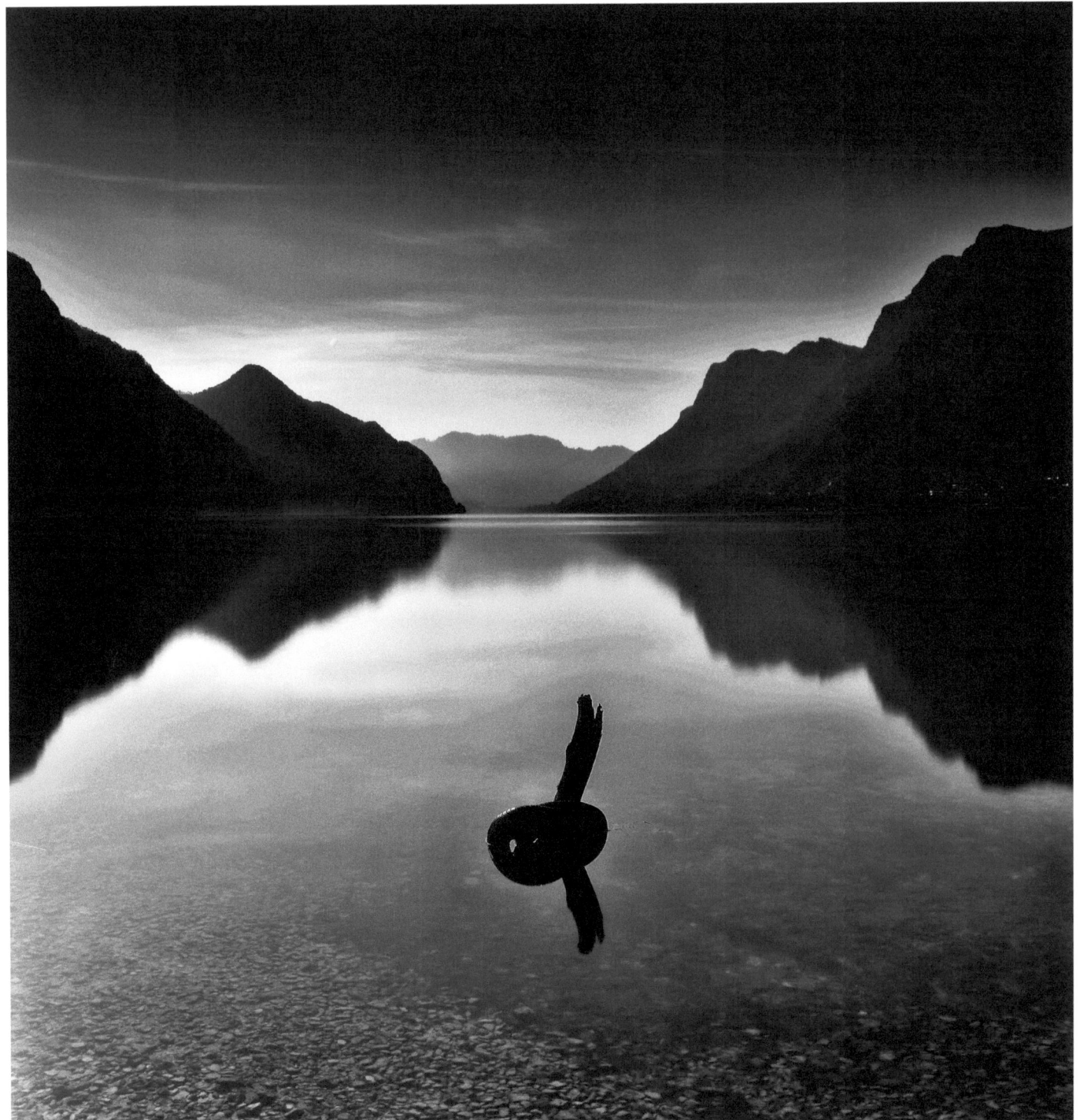

Vesta   Iseo Lake

Sale Marasino   Iseo Lake

www.ingramcontent.com/pod-product-compliance
Lightning Source LLC
Chambersburg PA
CBHW041259180526
45172CB00003B/897